文學叢刊之八十三

古遠清著

看你名字的繁卉

——蓉子詩賞析

文史哲出版社印行

國家圖書館出版品預行編目資料

看你名字的繁卉：蓉子詩賞析 / 古遠清著. --初
版. -- 臺北市：文史哲，民 87
面： 公分. -- (文學叢刊；83)
參考書目：面
ISBN 957-549-177-7(平裝)

851.486 87015566

文學叢刊 ⑧③

看你名字的繁卉：蓉子詩賞析

著　者：古　遠　清
出版者：文　史　哲　出　版　社
登記證字號：行政院新聞局版臺業字五三三七號
發行人：彭　正　雄
發行所：文　史　哲　出　版　社
印刷者：文　史　哲　出　版　社
臺北市羅斯福路一段七十二巷四號
郵政劃撥帳號：一六一八〇一七五
電話 886-2-23511028．傳眞 886-2-23965656

實價新臺幣二四〇元

中華民國八十七年十一月二十日初版

ISBN 957-549-177-7

看你名字的繁卉

蓉子詩賞析

目　　錄

前　言

前　言

看你名字的繁卉

「從二月的水仙到川流的六月蓮菱」

古遠清

　　像嬰兒甜睡的酒渦那樣恬靜，像初戀女明亮的眼睛那樣純情，像老人閃耀著亮光的白髮那樣淨潔。

　　這就是蓉子的詩。

　　像一隻翱翔在藍天的青鳥，永不止歇地追求眞善美的綺夢；像一朵在水之田盛開的青蓮，從澹澹的寒波中擎起，在星月下獨自思吟；又像一朵亭亭玉立在寒風裏的菊花，人們愛她高潔的風姿，更愛她那顆精金的心。

　　這就是蓉子的詩。

　　近幾年來，臺灣現代詩隨著探親船不斷登陸內地，其中最走紅的要算是席慕蓉的作品。席氏作品誠然有她的獨特魅力，但最暢銷的書不見得就是最好的。在臺灣，僅女詩人論，就有享有「第一位女高音」盛譽的蓉子的詩，還未來得及爲大陸廣大的讀者所熟知。當她的詩在那個戰亂初歇、文壇荒蕪的五十年代出現在臺灣時，詩壇上曾引起巨大的震撼波。一位評論家寫道：「像所有天才早熟的詩人一樣，她的第一本詩集，使這個蓄著短髮、純眞、圓圓面孔的少女，一瞬間便被人推舉起來，造成那個年代裏，詩壇一盞美好的消息。」①老詩人番草（鍾鼎文）則「覺得是一

串晶瑩滑潤的珍珠從我的手指間溜過，掩卷回想，又覺得那珠串散入夜空，化作天邊熠熠閃光的星斗。」② 余光中在1962年寫的《女詩人蓉子》一文中，則認爲蓉子的《青鳥集》，是「臺灣詩壇最早的好詩」，並稱讚其爲「開得最久的菊花。」③ 又說：「中國古典女子的嫻靜含蓄、職業婦女的繁忙、家庭主婦的責任感，加上日趨尖銳的現代詩的敏感，此四者加起來，形成了女詩人蓉子。」④ 這些評論，均是以事實作根據的，幾十年來已經得住歷史的檢驗。

　　我自接觸臺港詩來，也酷愛蓉子的詩。在這本書中，我一共選了80首推荐給廣大讀者，其中偏重於早期的《青鳥集》和後期出版的《這一站不到神話》中的作品。別的詩集也選了一些，但數量有限。之所以這樣處理，一是受了資料的限制，本人並沒有蓉子全部詩集，二是自己偏愛這兩本詩集。至於爲什麼選這首不選那一首，個別被詩評家反複引用過的詩爲何沒選入，我也說不出多少理由。選詩是一種主觀性很強的工作，儘管本人力求客觀、全面，儘量能反映蓉子的不同風格和照顧讀者的胃口，但做起來難免有偏差。好在賞詩不必面面俱到，更不必求全。「麻油拌韭菜，各人歡喜各人愛」，就專選你自己喜歡的詩欣賞吧。這正如讀唐詩，恐怕很少有人讀過《全唐詩》，只找幾種有代表性選本也就足夠了。

　　至於每首詩後的賞析文字，有的偏重思想內容，有的偏重藝術特徵。分析藝術性，又有的偏重結構，有的偏重意境，有的偏重風格，有的偏重修辭，有的偏重文字，不一而足。這種文字，也許又會被彼岸評論家認爲是「胡編亂湊」、「扭曲顛倒」，那就隨他去吧！說實在話，限於水平和資料，我的賞析文字「扭曲」

處不敢說絕對沒有，但「胡編」則不敢，我自認為這本小書寫得是嚴肅的。

　　這本小書是我校對70萬言的拙著《臺灣當代文學理論批評史》間隙中進行的。雖然在此期間武漢已進入火爐季節，但一打開蓉子的詩集，偶然來到寫完全書還未謀面的蓉子所締造的藝術世界中漫游，就有如在綠蔭中散步，有如蓉子自己在〈看你名字的繁卉〉所寫到的那樣：

　　　　就聽見溫柔的風中正充滿
　　　　你名字的回音……

　　　　從春到夏每一夢屬
　　　　都有你名字靜美的回馨
　　　　從二月的水仙到川流的六月蓮菱

　　這是我的感受，相信也是廣大讀者的共同感受，是故本書以《看你名字的繁卉》做書名。

1996年7月19日于酷暑中

①　高歌（高信疆）：〈千曲無聲——蓉子〉，《幼獅文藝》208期。
②　番草：〈晶瑩的珠串——讀《青鳥集》〉，中央日報副刊，1953年12月。
③　余光中：〈女詩人蓉子〉。載《荒原》（菲航版增訂），1962年。
④　《文藝生活》第2期（1961年10月）。

卷 一

青　鳥

從久遠的年代裏——
　　人類就追尋青鳥，
青鳥，你在哪裏？

青年人說：
　　青鳥在邱比特的箭簇上。
中年人說：
　　青鳥伴隨著「瑪門」。
老年人說：
　　別忘了，青鳥是有著一對
　　會飛的翅膀啊……

1950年12月12日

【賞析】　此詩用了不少典故。詩中的「青鳥」，是中國神話中西王母的使者。作者賦予它豐富的文化象徵意義，通常理解爲理想的代名詞，也可認爲是「一種永恆、高潔、悠然的境界」的代表。

　　「丘比特」，是古希臘神話中的愛神。如果有誰被他的箭擊中，誰就可得到愛情和幸福。「瑪門」，出自基督教聖經，代表「財利」。

　　詩雖然只有十行，卻寫盡了人生在不同階段上對理想的追求。年青人富於浪漫精神，他們所追求的是甜蜜的愛情，是建立一個

美好幸福家庭。愛巢築好後，便追求事業，而事業的成功，離不開金錢作基礎。金錢雖不是萬能的，但離開了金錢，卻萬萬不能。人到中年後，浪漫時代結束了，變得實際起來。追逐金錢無可非議，但不擇手段去追求，只會貪圖享受以及把人生的幸福建立在金錢上，則未必可取。

　　幸福究意在哪裏？青鳥爲什麼不能終生陪伴自已？飽經人事滄桑，人到老年後終於清醒過來，原來青鳥長著一對翅膀，不牢牢抓住是會飛走的啊。結句的省略號，啓示人們追求理想要勤奮努力，不能躺在原有的成績上睡大覺。否則就會像在頭頂上駐留過的青鳥，雖然曾擁有過，但很快就來去無蹤，消失在遙遠的天邊了……

　　此詩作於1950年12月12日。作者第一本詩集《青鳥集》，便以此爲命名，可見作者對此詩的偏愛。詩評家也常常用這首詩的意象比喻蓉子的創作，譽其爲「永遠的青鳥」，幾十年不知疲倦地在詩國的天空中遨游，由臺灣飛向大陸，由大陸飛向世界華文詩壇，終於成國際著名的華文詩人。

寂寞的歌

走進無垠的沙漠了——
　濛濛的黃沙打濕我衣袂，
駱駝的腳步是那樣緩慢啊！
　我的心因悽涼而戰慄。

但我催不快胯下的牲口，
　須耐牠一步步走盡！
那麼——
　讓我點起一支寂寞的歌，
將無垠的沙漠劃破。

1952年1月4日

【賞析】　蓉子是臺灣詩壇元老級的詩人，享有「第一位女高音」的盛譽。她的第一本詩集《青鳥集》，當時一出版就引起眾多人強烈的共鳴。這主要還不是因為當時缺少女歌手，而是因為這位女歌手十分重視捕捉時代的脈搏和人們的心態。不管是抒寫自己內心的感受還是表現時代的風雷之聲，她均注意時代氛圍的營造，同時又用音樂的旋律和節奏進行表達。《寂寞的歌》，便是這樣的佳作。

　　此詩作於1952年1月4日。首句寫的「無垠的沙漠」正是臺灣被稱為文化沙漠的時刻。多的是「反共抗俄」的激情而作品缺少藝術的轉化和沉潛。在如此封閉的環境中，作為一位敏感的女

詩人，內心怎麼不會感到無比困惑和寂寞？難怪當時隨著戰亂渡海來臺的青年，由於流落異鄉，而心情彷徨苦悶，無處發洩的時候，讀到這首《寂寞的歌》，感到說出自己的心裏話，從中找到了精神上的發散和慰藉。

　　此詩的藝術性也很值得稱道，尤其是對感覺的強度把握得尤好。黃沙本不是雨滴，然而作者卻說它「打濕」了「我衣袂」；歌本是訴諸聽覺，可作者用一支蠟燭的隱喻說它可以點燃，可以用其去劃破寂寞，這種通感手法的運用顯得十分巧妙。在節奏上，此詩用緩緩行進的速度，極準確和生動地傳達了當時寂寞的時代氣氛，也極好地體現了作者沉靜溫柔的性格，眞可謂是文如其人。

為尋找一顆星

跑遍了荒涼的曠野，
為尋找一顆星。
為尋找一顆星，
跑遍了荒涼的曠野。
找不到那顆星，
找不到那顆星，
痴痴的坐在河岸邊，
看青雲繞膝飛。
看青雲繞膝飛，
痴痴的坐在河岸邊。

【賞析】　此詩作於1952年1月10日。它表現的是一位有抱負的女青年對理想由追尋到幻滅的感情歷程。

這首詩打上了作者青春期的鮮明烙印，顯得小巧玲瓏而活潑天真，沒有華麗的詞藻，在清淡中透露出濃烈的韻味，非常耐人咀嚼。在創作方法上，作者沒採用超現實主義手法，而用的是象徵比喻。如果我們把「曠野」、「那顆星」還有「河岸邊」、「青螢」當作一種象徵物加以仔細吟味，便可引發出無限豐富的聯想。

在結構上，此詩所表現的抒情主人公追逐、尋索、等待的心理活動過程，其脈絡紋理，皆明晰可尋。此詩還非常講究意境的鑄造。正如一位詩評家所說：「夜晚的曠野荒涼沉寂，孤寥寥地

奔馳其上追逐永遠可望不可及的星星，景和情皆令人覺得蒼涼。
星星怎麼也找不到，那只好失望地坐在河邊，閑視青螢飛舞。坐
著坐著，他心中突又燃起希望，既然天上的星星追不到，索性等
著星兒掉進河中央，一手抓住它。『看青螢繞膝飛，痴痴地坐在
河岸邊。』那種憨憨的神態，有點像兒時追逐斷線的風箏，追不
到總不甘心的樣子。這首像粒滾在掌中的玻璃球，惹人愛憐。」
（曾月麗：《菊花未凋詩未老》，《星州日報》1983年1月14日）

　　蓉子的父親是一位扶病濟貧的牧師，這種家庭背景和她所受
的教會學校的教育，使她的作品常常出現如舊約中的重疊句法。
如此詩反覆出現的「為尋找一顆星」、「找不到那顆星」、「看
青螢繞膝飛」等句，強化了作品的淒清氣氛和清新靈動的風格。
要是沒有這些連環式的疊句，作品的韻律感必然大為失色，完美
與精致的境界也就無法達到了。

三　光

何處尋覓，
　　至真至善至美？
它們——
　　在嬰兒甜睡的酒渦內
　　　　躲藏；
　　在初戀女深深的眸子裏
　　　　盪漾；
　　在老人淨潔的白髮上
　　　　閃亮；
　　好像那天上三光，
　　　　永恆地將人間照耀。

　　　　　　　　　　　1952年1月14日

【賞析】　黑夜茫茫，山路漫漫，真善美就像那天上「三光」，
照亮了腳下的路，也照亮了前進的途程。

應當承認，這是一首頗具哲理情趣的佳作。詩人不僅指出了真善
美在人類生活中的重要性，而且憑著詩人豐富的想像力，賦予這
抽象的真善美以具體可感的人生圖畫。它比枯燥的說教更能抓住
人心，也更能撩撥人們的情思。讀者不難從詩中想像出三幅人物
速寫畫：初生嬰兒甜睡的酒渦，熱戀中少女深深的眸子，老人閃
耀著亮光的白髮，這是多恬靜、純潔和超然的畫境。詩人就似高
明的哲學家，面對嬰孩、少女、老人的特寫鏡頭審視著，從中品

味出人生的哲理。讓畫中之景與畫外之意緊密結合在一起。詩人
的抒情，看似信手拈來，其實經過精心的選擇，所以才使人感到
服人以理，動人以情。

笑

最美的是
　　最真。
啊！
　　你聰明的，
為甚麼編織你的笑？
笑是自然開放的小紅花，
一經編織──
　　便揉皺了！

1952年4月19日

【賞析】　開放在原野上的小紅花，由於有色澤，有香味，因而惹人喜愛。人工編織或塑料製成的紅花，儘管有時可以亂眞，但由於缺乏陽光的照耀與雨露的滋潤，因而缺乏生命的活力。作者借眞花與假花的比喻，說明感情貴在眞，告誡人們待人應當誠懇，不應虛僞。

　　蓉子早期的詩，閃耀著哲理與智慧的光輝。這裏講的哲理，並不是赤裸裸的說教，而是和形象緊密結合在一起。具體說來，這首詩讚美的感情眞摯，是和「自然開放的小紅花」比喻聯繫在一起的。正因爲詩的哲理依附於藝術形象，所以這首詩才顯得自然清新，令人回味再三。

楫

人們説我的楫是銀的，
　　美好而易折曲；
人們説我的楫是銀的，
　　只能在湖上悠游。

我説我的楫堅直如鋼，
　　是夜晚的月華鍍上了銀輝，
是白日的浪花鍍上了銀輝，
　　它已經在海上搖盪。

人們説我的楫是銀的，
　　美好而易曲折，
人們説我的楫是銀的，
　　只能在湖上悠游。

我説我的楫堅直如鋼，
　　它已經在海上搖盪。
在白晝它是銀色的浪舌，
　　在夜晚它是銀色的月光。

　　　　　　1952年秋作

【賞析】　在人生的道路上，有的人悠哉游哉，態度光明；有的

人則經不起考驗，一遇到困難便「易折曲」。蓉子與這些人不同。她對生活取一種奮力拼搏的態度：其楫「堅直如鋼」，經得起任何風浪的襲擊；其意志風吹雨打不動搖，不怕任何狂飆、礁石的阻擋。

　　此詩緊緊扣住「楫」的意象和「銀」色做文章，你說她的楫是脆弱的，她偏認為「堅直如鋼」；你說她的楫是銀的，她認為這是因為「夜晚的月華鍍上了銀輝」；你說她的楫只配在湖上悠游，她偏認為她的楫能在「海上搖盪」，經得過任何風浪的顛簸。論辯性的寫法，增加了此詩的感染力量；反覆的詠唱，強化了詩的音樂性。而比喻的確切、新穎，尤其有助於作者將勇於向生活拚搏的人生哲學作形象生動的傳達。

小　舟

劃破茫茫大海的，
不是白晝的太陽，
不是夜晚的星星，
也不是日夜吹著的風。

劃破茫茫大海的，
是一只生命的小舟……

1952年6月發表於《文壇》創刊號

【賞析】　這是蓉子早期寫的名篇。它的結句「劃破茫茫大海的／是一只生命的小舟」，不斷被評論家和讀者所引用，以至成為流傳甚廣的警句。

作為一首歌頌生命的詩篇，其特點是以強烈的激情化成一系列的意象排比，使「太陽」、「星星」、「風」的意象內蘊豐富，不限於大自然本身。本來，論能量，太陽可將整個大海塗上一層金色的光輝；論光芒，星星亦可為小舟照亮船程；論力度，颱風可將整個大海翻轉起來。可作者認為，人定勝天，人的力量大於一切。這種肯定，更真切地表現了作者的自信心，使詩的感情力度進一步得到強化。

就詩的技巧而言，此詩主要以對比手法取勝（如「大海」與「小舟」，「太陽、星星、風」和「生命」的對比）。此外，重疊的句式，優美的旋律，也增加了此詩俘虜讀者的藝術力量。

晨的戀歌

不知道夜鶯何事收斂起它的歌聲，
　　晨星何時退隱──
你輕捷的腳步為何不繫帶銅鈴？
　　好將我早早從沉睡中喚醒！

讓朝風吹去我濃濃的睡意，
　　用我生命的玉杯，
祝飲盡早晨的甜美。

早晨的空間是寬闊而無阻滯，
　　緊隨著它歡欣與驕傲的步履。
我要挽起篋筐，
　　將大地的彩虹收集！

啊！你輕捷的腳步為何不繫帶銅鈴？
直等我自己從沉靜中醒來，
晨光已掃盡山嶺。

猛記起你有千百種美麗，
　　想仔細看一看你的容顏，──日已近午
何處再追尋你的踪影？！

1952年9月15日《新詩週刊》

【賞析】 此詩標題為「戀歌」，抒寫的卻是對甜美早晨的依戀，而非愛情詩。開頭作者埋怨夜鶯為何不用它動人的歌喉挽留晨星的消逝，並埋怨早晨的腳步為何不繫上銅鈴把自己的酣夢吵醒，以至使自己失卻了享受早晨清新空氣的機會。不埋怨自己為什麼貪睡，反而埋怨夜鶯、早晨，這種「不講理」的開頭，更能反襯抒情主人公對早晨的熱戀之情。中間兩段回過頭來揭示早晨為什麼對自己這樣有魅力的原因。早晨本無所謂甜不甜，作者用味覺感受去形容它，表現了詩人新鮮獨特異於常人的藝術感覺。她對早晨空間的感情體驗，所展示的亦是一個活躍而豐富的世界。挽起簍筐收集大地彩虹，所表現的是一個富於幻想的童話領域。第四段再次埋怨早晨腳不帶鈴，進一步強化了讀者對抒情主人公具有晶瑩明徹心靈的印象。最後一段把時間推移至近午，距離的加大使詩人對早晨千百種美麗的依戀情感達到了高峰。

　　「一日之計在於晨」。詩中寫的早晨既可理解為時間意義上的早晨，也可延伸為人生最美好的時光──風華正茂的青春年華。此詩玲瓏活潑的句法，柔和婉轉的節奏，單純明澈的意象，以及含蓄朦朧的風格，均使人一唱三嘆，低徊不已。

覓　尋

覓尋人性的完美，
　　如在過多的砂石中
淘取金粒。

雖然單調的砂石
　　令我煩厭，
流水的潺潺
　　使我心驚，
而我仍不甘於留停。

淘取金粒。
　　不是為著指環，
是為了它珍貴的光輝！

1952年7月18日

【賞析】　蓉子畢生追求的是「人生的完美」。在她看來，只有完美的人性才值得歌頌，才是最可「珍貴的光輝」。為了實現這一理想境界，她像淘金工人那樣在辛勤地勞動：不怕工作的單調，不怕時間如流水般的逝去。總之，她願意與「煩厭」、「心驚」等一切雜念作鬥爭，以實現自己的人生理想。

　　古人說：「為人重晚節，行文看結穴」。〈覓尋〉一詩妙在「結穴」。作者不是以情語結，也不是以景語結，而是以「是為了它珍貴的光輝」理語結，使此詩的思想境界大為提高。

是你的聲音在呼喚

是你的聲音在呼喚，
長遠的——
像流水一樣地潺潺
——永不停息啊！

那聲音來自曠野，
風將它攜帶，
我一聽到這甜蜜的悸動，
我的靈魂顫慄。

你在那裏？隔著河流，
隔著山岳，隔著叢林，
隔著遼闊的大地，
我要將你找尋！

林葉輕唔著嘆息，
雀鳥要吱吱地告訴你，
當早晨的朦朧尚未消褪，
那山谷裏已迴盪著我的足音。

清新的空氣播散著幽氛，
密密的叢林向我隱藏宇宙的秘密，

要等晨曦將露珠一顆顆飲盡，
等萬物慢慢地染上虹彩。

於是陽光照紅我的臉，
暖風吹醒了原野，
山花開遍了溪澗
歌聲洋溢在水面。

但牛蒡草為甚麼牽扯我衣裙？
蒲公英何事將我的蹤跡追尋？
「看這裏有綠葉如帳　綠草如茵
薔薇朵朵正迎風招展。

日光要氾濫草原，
早晨會掃盡山嶺，
不要前去——
前去是無比的孤寂。」

不聽同伴們的聲音，
不顧他（她）們離我遠去，
你甜蜜的聲音還在召喚，
我的腳步依然前行……

多少次我誤將溪水裏
那清癯的影子當你，

將林木的蕭蕭聲
當作你行近的足音。

我欣喜地向前，
我看到的衹是自己
憔悴的容顏，
孤弱的身影……

但我不願再回我從出的小屋去，
那兒——
老鄰人會將我竊笑，
小屋的牆籬會擋阻我瞻望的視線。

容我留在曠野吧！
這兒我可以自由地傾聽你，
長遠地將你等待，
讓杜鵑和夜鶯伴我將黃昏唱盡。

倘你聽到歌聲昇起於原野，
穿過茂密的林叢，
發出宏亮的回音，
你該知道那正是我對你呼喚的回應？

　　　　　　　　　——約作於1951年左右

【賞析】　　在茫茫的曠野，風吹來一陣呼喚的聲音。每當聽到這

「甜蜜的淒動」，「我」的靈魂便在顫慄。蓉子的《是你的聲音在呼喚》，便向讀者袒露了她隱藏在內心的這一秘密。所不同的是她的心裡狀態和普通讀者有異：其思緒幻化爲心靈的聽覺，以至誤將溪水裏清癯的影子當「你」，將林木的蕭蕭聲誤爲「你行近的足音」。

　　這種移情於景，借景言情的手法，所表現的是一種詩化的思緒。所謂牛蒡草牽扯「我」的衣裙，蒲公英將「我」的芳跡追尋，均是作者用原先產生的一種高興的思想情緒去觀察花草樹木，並將這種情感化入景物描寫之中，使主觀之情與客觀之景達到和諧的統一。王國維講的「以我觀物，故物皆著我之色彩」，指的正是這種情況。

　　在作品後半部分，作者補敘了自己爲什麼要來到曠野「長遠地將你等待」。原來她住的是「小屋」，「小屋的牆籬會阻擋我瞻望的視線」。這裏寫的「小屋」，一是相對曠野而言，二是極言其空氣的沉悶，並非完全是實寫。作者到底要「瞻望」什麼？「甜蜜的聲音」具體內涵又是什麼？這是不言而喻的，完全用不著把這一「秘密」公開。

　　作者開頭寫到的長遠的呼喚聲，是一種心靈的聽覺，即審美幻覺。後面寫到「倘你聽到歌聲升起於原野」，仍是一種心靈的聽覺，這正好前後呼應。此詩氛圍濃郁，調子輕快，耐人尋味。「要等晨曦將露珠一顆顆飲盡」，「飲」字則表現了作者煉字的匠心。

卷　二

生　命

生命如手搖紡紗車的輪子，
不停地旋轉於日子底輪軸。
有朝這輪子不再旋轉，
人們將丈量你織就的布幅。

1952年3月19日

【賞析】　在50年代，臺灣詩壇充斥標語口號的反共八股。當時如果缺乏了蓉子這隻美麗的「青鳥」，人們對當時的詩歌一定會留下較多蒼白的印象。

時間整整過去了40多年，可這隻漂亮的「青鳥」所放的異彩，至今仍叫人難忘。

好詩離不開想像。蓉子的詩，正以美妙的想像和奇特的比喻取勝。以這首《生命》為例，作者把生命比作「紡紗車」，這是女性特有的視角，也是五十年代農業社會的產物，它打上了鮮明的時代烙印。作者沿著「紡紗車」的思路，將生命的價值喻為「織就的布幅」，均帶有很強的邏輯性。這與後來一些臺灣詩人寫的反邏輯、反理性的詩大不相同。

寄理於形象，是哲理詩常用的手法。此詩的特點在於短小精悍，過目難忘。沒有外國詩歌的洋味，而融進了中國新詩的素質，頗有宋人哲理詩的旨趣。

告訴我

南風吹來——
小溪激起了漣漪，
告訴我你的名字。

鳥聲低唱，
綠葉攜帶了想望，
告訴我你的形象。

山泉隱蔽，
水流淙鳴，
告訴我你的靈魂。

白雪皚皚
爐火正殷
告訴我你底心。

花樹長大時，
根也更深了，
歲月過去
告訴我你沒有改變！

1953年《幼獅月刊》第十二期

【賞析】　愛情是常見的題材，同時又是最難譜好的一支曲子。蓉子從大自然中汲取靈感，與南風、小溪、鳥聲、綠葉產生了一種奇妙的契合。於是，這首優美的愛情詩就產生了。

第一節寫心靈的小溪如何激起愛情的漣漪，即在南風徐徐吹來的時候，「他」的名字首次闖進她平靜的生活中。

第二節用綠葉象徵希望，希望進一步認知對方的形像。

第三節以流水淙淙象徵心靈的傾訴，渴望更進一步瞭解一個人的靈魂。

第四節以皚皚白雪象徵對方靈魂的高潔，以正殷的爐火狀寫對方情感的熾烈。總之，這是心靈的相通，而不是一般的外貌吸引。

末段以花樹長大、根深葉茂，象徵他們之間愛情的成熟和持久。那怕歲月過去，可他們的情感不會改變。

詩中的抒情主人的形像「我」與作者有關，即是說，此詩是作者對愛情的詮釋。但「我」不能與作者完全等同，因詩中的簡捷情節是虛擬的，並非是現實中的人物和事件的實錄。這裏要注意的是第二節的「綠」，這是大自然中最使人愉悅的顏色，也充滿著希望和生命，可代表一位少女對愛的想像和願望，由此可見作者的煉字功夫。

澄

攪起了
　攪起了
這一缸渾濁——
　那沉睡的泥漿
那死亡的蟲草
　那木屑和塵灰
還有那殘破的白螺殼。

旋轉，
　旋轉……
我原係天空一滴水，
　正做著環遊宇宙的夢，
不幸掉入此缸中，
　尚未看清所在地，
便被衝擊得頭昏目眩。

啊！那些黑色的，
　那些灰色的，
那些奇奇怪怪的，
　那些半透明與不透明的，
正不停地，
　從四面八方流過來，

流過來——
　我想靜，
多麼地想靜啊！
　但是、不成的
沒有誰肯讓出一條路來，
　只是擠著，推著，撞著我，
像蠅蛆。

有礬嗎？
　有礬嗎？
　　——就是那有廿四個結晶水的硫酸鉀鋁。
　　快拿來
索性來一個兜底兒的兜底兒的大攪動！
　那時——
我願意跟著轉，
迅快地轉，
　急速地轉，
苦死了也不抱怨，
　直到看那些泥漿，
　　塵灰，浮草……
　一件件沉下去、沉下去、
　　沉下去——
到底露出了水底清瑩。

1952年4月13日・公論報「日月潭」

【賞析】 此詩的思想力量，來自作者不願與那些「黑色的」、「灰色的」、「奇奇怪怪」的事物同流合污。詩人唱出了一代的年青人在「只是擠著、推著、撞著」的惡劣環境中想安靜下來的心聲。

作者原先純潔得像「天空一滴水」，正做著羅漫蒂克的夢，卻不幸掉落此缸內。為此，她內心感到極大的痛苦，尤其是還未「看清所在地」的時候，「便被沖擊得頭昏目眩」。詩人由此先發出一系列的想像，將那醜惡與污穢的代表：「那沉睡的泥漿、那死亡的蟲草、那木屑和塵灰，還有那殘破的白螺殼」一個個揪出來。作者內心聚斂著一腔悲憤，用「蠅蛆」去詛咒它們。到了後面，實在按捺不住自己的癡情，呼喚硫酸鉀鋁快拿來，「索性來一個兜底儿的大攪動！」「攪動」後才能澈底的沉澱那些水缸中的蟲草、塵灰和雜物。詩人最後這一聲呼喊，其還我一身清白感情之真，對那些灰塵、浮草、泥漿討厭之深，在作者其它詩篇中是少見的。

這不是一首思辨的哲理詩，而是一首表達作者不甘心與醜惡為伍的抒情詩，意象豐富，比喻生動。從結構上看，倒敘手法的運用，強化了作者清滌現實混濁的願望。

雨

雨在落著落著……
像無數纖細的手指在敲打
敲打著高音部的屋簷叢樹
低音部的庭園石階

我聽得出這是一首悲涼的Melody
如飛離弓弦的箭梭梭的聲音
如紅炭掉落水槽澌澌的聲音
如響亮足音顛躓慼慼的聲音
如悲傷冷泉流過潺潺的聲音
如蟲豸啃嚙綠葉寂寂的聲音
如秋風吹葉辭樹颯颯的聲音
如廖廓教堂內獨自喃喃的祈禱聲音

雨在落著落著……
像無數纖細的手指在敲打
敲打著高音部的屋簷叢樹
低音部的庭園石階

1952年11月3日《新詩週刊》

【賞析】　在有火爐之稱的武漢，當我在盛夏的夜晚將蓉子的〈

雨〉連讀三遍後，頓覺燥熱消失，室內突然變得清涼起來。推窗放眼遠眺，好像周圍的屋檐叢樹、庭園石階都有美妙的音樂在回響。我想，這就是所謂詩的審美效應了。

〈雨〉確是難得的佳作。一開頭，作者就將雨人格化，把其比作音樂家，時而彈奏聲音高亢的曲調，時而又婉轉低迴地歌唱。第三段用博喻反復形容雨聲，這一方面體現了作者細致入微的觀察，另方面也表現了作者聯想豐富的才能，最值得注意的是「如寥廓教堂內獨自喃喃的祈禱聲音」的比喻，這與作者作為一個虔誠的教徒身份分不開。要不是生長在三代基督徒家庭，一般人不會產生這種聯想。

最後一段和開頭一段完全重複。這不是累贅，而是用反覆詠唱的方式增加詩的音樂氣氛，這和作者所受的舊約中　重言覆唱的影響分不開。

我寧願擁抱大理石的柱石

我寧願擁抱大理石的柱石，
　它冷冷的嚴峻的光輝，
使我心折！

頂立著拱形的大廈而直立著，
　久久地支撐那偉麗的穹窿
不使傾斜。

它不會説諂媚的言語
　也不會説虛謊的話，
夜晚我走過——
　它沒有彎腰向我鞠躬，
一如在白晝。

它肯定「是」，
　否定「非」。
它直立著，
沉默而靜美。
於是我不自禁地
　走去擁抱它，
不顧踏過那些隨風飄搖的小草。

1953年3月9日

【賞析】　這首詩的選材並無特別之處，無非是寫了任人皆知的大理石的柱石在支撐拱形的大廈中所起的重要作用。然而，它卻如烈火狂飆一樣使人深深的激動，使人抑制不住對不討好獻媚者的崇敬之情。在這首詩中，平常的題材所掩藏的是對「直立著，沉默而靜美」的精神的禮讚，對那些說諂媚的言語、虛謊的話的人的鞭韃。

　　謝榛在《四溟詩話》中說：「起句當如爆竹，驟響易徹」。此詩所設計的發端突兀，出人意料的開頭，關聯著全局，為全詩定下了基調。後面的抒情，均是「它冷冷的嚴峻的光輝」的具體化。作者挑選諸如「久久地支撐」、「沒有彎腰」的柱石特徵加以熔煉組合，使作者所表達的思想感情寄寓在形象的描寫之中，從而起到畫龍點睛、深化題旨的作用，最後一句出現的「隨風飄搖的小草」，則是和嚴峻的大理柱石相反的事物。作者運用這種在比較中見區別，在對立中顯本質的手法，把看風使舵者與獨立支撐者區分得更加鮮明。

　　總之，此詩平中有奇，淡中有濃；嚴峻中有輕鬆，大廈旁有小草，作者所愛和所憎水乳交融地結合在一起，從而賦予了《我寧願擁抱大理石的柱石》以豐富的內涵和認識價值。

水的影子

從陰鬱的林木，
　從睡眠的湖水，
從幽涼的石上，
　你——
悄悄地，
　悄悄地，
掠過去。
鳥不知曉！
　魚不知覺！
我徒然貼我的耳朵在
　小草的胸前。
等時間似數不清的
　鳥的翅膀拍過去後……
我忽然從那些
　屬於往昔的紅牆上，
看到你掠過後、
　所留下的一首
蒼鬱而悲涼的詩，
　遽知你曾經滄海！

1952年2月25日《新詩週刊》

【賞析】　生活在大城市的人，對陰鬱的林木、睡眠的湖水，均

無限嚮往，但又欲尋不得，這種情感時時鬱積在心頭，欲罷不能。作爲詩人的蓉子，曾在《青鳥集》中讚美過雨、雲。在這裏，作者又借水的影子，把多年積鬱的嚮往大自然之情，譜寫成一首優美的詩篇。

開頭之句運用了「陰鬱」、「睡眠」、「幽涼」三個限制語，頓時使詩篇籠罩在一種清冷幽靜的氣氛中。在這種陰鬱的基調下，作者敞開情感的大門──「貼我的耳朵在小草胸前／等時間似數不清的鳥的翅膀拍過去……」。這種與常人不同的表現方式，愈發使人感到作者對大自然景色獨有情鍾。

如果認爲這只是一首讚美「水的影子」的詩，那就低估了這首詩的意義。「卒章顯志」，從最後四句中，我們可以看出作者是借水影抒發對生活蒼鬱悲涼的感慨，讓讀者從水不斷的悄悄流去看到滄海桑田的人生。

此詩之所以寫得好，正在於不只重描摹刻劃，而且著力表現詩人的情感，才做到了融虛實於一體，化景物爲情思。

平凡的願望

不甘於做奴婢，
也不擬做女神。

　　附庸
　　　太侮衊；
　　至尊
　　　太寂寞。

　　啊！我們的願望，
不過是做你們弟兄似的姊妹。

　　　　　　　　1952年　夏

【賞析】　蓉子在年輕時才華橫溢，有些同輩好友可能視其爲「女神」，對她敬而遠之。其實，蓉子並不想當高貴的「女神」，因爲「至尊／太寂寞」；當然，她也不甘於做「奴婢」，因爲「附庸／太侮衊」。她愛周圍的人，希望自己生活在普羅大衆中，大家「弟兄似的姊妹」相處。這首詩，便表達了她這種良好的願望。

　　此詩主要以警句取勝。這裡講的警句，與作者對生活的新鮮發現和獨特感受分不開。像「不甘於做奴婢／也不擬做女神」，便是作者從生活的地殼深處鑽探出來的烏金，一開篇就打動了讀者的情緒，調動了他們的想像。最後一段似有直露之嫌，但作爲

一首哲理小詩，使用卒章顯志的手法，畢竟是「編筐編簍全在收口上」。

為什麼向我索取形象

為什麼向我索取形象
　為在你的華冕上，
鑲嵌上一顆紅寶石？
　為在你生命的新頁上，
又寫上幾行？

為什麼向我索取形象？
　如果你有那份真，
我已經鐫刻在你心上；
　若沒有——
我恥於裝飾你的衣裳。

為什麼向我索取形象？
　歡笑是我的容貌，
　寂寞是我的影子，
　白雲是我的蹤跡
更不必留下別的形象！

1951年11月26日《新詩週刊》

【賞析】　蓉子很少寫愛情詩，這首詩是個例外。它帶有自敘色
彩，即她是將處理個人情感的經驗毫不掩飾地寫進詩中。

　　詩中的「你」，很可能是作者年青時代所遇到的一位崇拜者。

可是這個人並不了解她，他僅僅是慕名向作者「索取形象」。這裡講的「索取形象」，不能僅僅理解為索取玉照，其目的或是為了炫耀自己，增添身價，在自己「生命的新頁上，又寫上幾行」。對這種男人，自然沒有什麼客氣可講，因而作者用單刀直入的手法揭露他的虛偽，嚴詞拒絕索取自己形象的做法。

也許有人認為作者的處理方法過於封閉，對人未免太冷酷無情。可這種人不知道，作者是莊穆、端淑的女性，她具有自制、自重、矜持的特點。正是基於這種特點，她譴責人性的虛偽，厭惡諂媚和說謊。她甚至認為，與這種人打交道，還不如去「擁抱大理石的柱石」，因為它還有「冷冷的嚴峻的光輝」（《我寧願擁抱大理石的柱石》）。

這首詩所運用的斬釘截鐵的語言和不容置辯的口氣，表現了作者外柔內剛的性格。如果用「閨閣詩人」的尺度去衡量蓉子，必然會留下錯誤的形象。

當然，詩的詮釋不能一字一句都落到實處。此詩也可能不是針對某一特定對象而寫。如果一定說有的話，也可能是指一群人，或者說作者寫的是一種現象。因為寫詩同樣可以虛構，有才能的作者均從不照錄生活。它以事實做基礎，但又不是事實的翻版。這樣詮釋，更能看出此詩的概括力量。

菊

春天——
　百花爭妍的時候，
我看不見你的影子！

夏日——
　那濃郁的季節，
我仍不聞你的花信，

到了秋天，
　群芳都已消逝，
你卻獨放奇葩
　亭亭玉立在寒風裏。

詩人愛你高潔的風姿，
　我卻愛你那顆精金的心。
因為培植你的，
　不是和風暖陽，
乃是悽厲的寒霜！

　　　　　　1951年　秋

【賞析】　這是一首詠物詩。菊花迎風霜開放，顯出它的勁節，
因而詩人們常常歌頌它。蓉子的〈菊〉，所著重的不是別人多次

寫過的「高潔的風姿」，而是別人較少注重到的「那顆精金的心」。

　　此詩結構嚴謹，層次分明。首段寫菊花不在春季與百花爭妍，次段寫菊花不在夏天濃郁的季節開放，第三段寫菊花到了秋天才獨放奇葩，在凜冽的寒風中亭亭玉立。從春天到秋天，我們可以看出詩人藝術構思一系列的過程。詩中先後出現的「百花爭妍」、「濃郁的季節」，群芳消逝的景象，一環緊扣著一環。

　　蓉子是臺灣詩壇創作歷程最長的女詩人。如果稱其為「女詩壇的元老」，未免有點不倫不類。余光中後來想了一個新詞，將蓉子譽為「開得最久的菊花」，則非常恰切。如果把臺灣連綿不斷的詩壇論戰「比喻為秋天，則這朵可貴的白菊真從秋天的那邊一直開到秋天的這邊，而且還可以開到明年第一季的園遊會」。（余光中：《女詩人蓉子》，載1961年《文藝生活》第二期），這就使人不能不另眼相看了。

不　願

不願做綠蔭下的池水一泓，
　　沒有風兒吹拂，
鏡水獨自消瘦。

不願做綠蔭下的池水一泓，
　　縱有風兒吹奏，
素波止於池沼。

不願做綠蔭下的池水一泓，
　　寧願化身為一片雨雲，
加入海洋洪濤！

1952年4月18日

【賞析】　選擇一個恰到好處的抒情視角，是構成一首優秀詩作的必要條件。在〈不願〉中，作者將寧靜舒適的生活比喻為「綠蔭下的池水一泓」。圍繞這一泓池水的靜止、不流動，即使流動也不出池沼範圍，詩人展開了想像與情感的波動。最後以直抒胸臆的手法表達了詩人靈魂處的願望：不願過「獨自消瘦」的平靜生活，不願在「縱有風兒吹奏」的狹窄的環境中成長，而願作生活的弄潮兒，在大風大浪中拚搏，「加入海洋的洪濤」。

此詩感情層遞漸進，語氣越來越堅決，聲音愈到後來愈洪亮。全詩共三段，每段三行。每段均以「不願」作開頭，反覆向讀者

表明自己的心跡，每節各行分別以三音節爲主。

　　如不願做。綠蔭下的／池水一泓，

　　　　沒有／風兒／吹拂，

　　鏡水／獨自／消瘦。

　　讀來琅琅上口，頗具節奏感。在現代哲理詩的探索中，〈不願〉可視爲一曲青春的詠嘆調，一支自我勉勵的理想曲。

愛　神

愛神不是盲目的。
　她的眸子清冷如秋水，
她的心腸如鍊鑄精金的火，
　踏著柔美的步子，
不喧鬧，也不爭噪。

　一切虛偽，
將戰慄於她的明目。

　一切卑慾。
將消熔於她聖潔的火。

　從此，這世上長出無刺的玫瑰，
它的葉子是清涼，
　它的花果是甜美，
雖在嚴寒亦不凋零。

1953年3月19日

【賞析】　純眞美麗的愛情令人神往。而要把純眞美麗的愛情寫成同樣叫人神往和喜歡的詩，卻需要功力。因為詩忌人云亦云，需要作獨闢蹊徑，寫出與眾不同的感受，才能傳誦不衰。蓉子的〈愛神〉，正是這樣一首有特色的詩。

　　這首詩不是一般的寫愛情，而是形而上的愛神。愛神有百態千姿，詩人只選取她的眸子、心腸和步子，以說明愛情不是盲目的，它經得起烈火般的考驗。它不喧鬧，不爭噪，步法柔美，摒絕虛僞與卑慾。最後一段表現了詩人善良的願望：願世界永遠開滿無刺的玫瑰，結滿甜美的花果，即使在嚴冬亦不凋零。

　　臺灣詩人的愛情詩，較少出現愛神的形象。蓉子這首詩寫的愛神，其源來自西方。西方的愛神多爲聖潔柔和，不似中國的觀音帶有端莊和苦難的特點。這說明此詩受西方影響較深。

日　曆

似夏日玫瑰——
　　最初是豐滿嬌艷，
以後一朵朵枯萎——
　　離去故枝，
終剩最後的幾瓣，
　　孤立在秋風裏搖曳，
我們便期待來年！

1951年12月27日

【賞析】　　此詩勸告青年人要珍惜大好年華，生活應過得充實，有如夏日玫瑰那樣豐滿嬌艷，而不應像在秋風裡搖曳的花瓣，一朵朵枯萎下去。

　　作者慨嘆於時光易逝，由此觸發了情思，展現聯想的翅膀，把時間的流逝形象化，產生動態感，使〈日曆〉這個無色無香的印刷品有了生命力，構成了獨特的藝術形象。作者不赤裸裸的說教，將題旨附麗於藝術形象之中，這種以理入詩的化境手法，使這首小詩顯得搖曳多姿，不愧爲哲理詩中的精品。

小　詩

小詩是神出鬼沒的
不經意間在波濤中閃爍
定睛時又不見了；
啊，小詩是一把星的碎粒
雖閃耀卻不完全。

【賞析】　在詩的廣袤原野上，小詩有如小朵的星星菊那樣逗人喜愛。蓉子深受冰心二十年代所寫的〈春水〉、〈繁星〉的影響，不僅寫了不少小詩（發表於五十年代初），而且還對小詩的藝術特點作了探討。

　　在蓉子看來，小詩的寫作離不開靈感的捕捉。這裡講的靈感，是人類思維活動的一種常有現象，是人們對客觀事物非常協調、異常歡快的一種邂逅。但靈感帶有極大的偶然性和突發性。它常常「神出鬼沒」，如不及時捕捉，它就稍縱即逝。正如蘇東坡所說：「作詩火速追亡逋，情景一失永難摹」。

　　小詩與「大」詩的區分，在於它多半寫的是小感觸，所選取的往往是一朵感情的浪花，一點縹渺的思緒，正如蓉子所說：「小詩是一把星的碎粒，雖閃耀卻不完全」。

大　海

大海熱情的
　擁抱河水，
不去嘲笑
　它們的浮淺。

【賞析】　這裡寫的「大海」與「河水」，分別代表兩種不同的
事物。「大海」廣闊無邊，熱情澎湃。相比之下，河水遠沒有這
種氣勢，不論廣度和深度均難與大海並肩。即使這樣，「大海」
卻不嫌棄河水的膚淺，仍將其接納──「熱情的擁抱」。這裡讚
頌的是一種寬容精神。

此詩短到只有四行，但它閃耀著人生的智慧和真理的火花，可當
作格言讀。

卷　三

三　月

雨的三月　半寂靜地帶
貝殼們猶在睡
春色似淡淡的酒

夢、猶未展現
一隻白色天鵝正蜷臥
蜷臥在白色翅被下……

三月是未嫁的小女
一群素約小腰身的雨
偶然——
從屏風後偷窺這世界
　　　　　　　　竟
怦然心許

唯三月幽夢如煙
有太多待揭的謎
從一室反光的玻璃
縱透明卻甚麼都看不清

那未映的紅袖　　未濃的春草
究竟是殘酷的真實？

還是繁花密葉的預期！

1961年5月1日《文星》

【賞析】 乍看起來，此詩寫的是早春季節。其實，作者是將三月象徵人生的春天。

你看，三月幽夢如煙，有許多待揭的謎至今沒有答案，就好似一室反光玻璃反射出的模糊影子，什麼也看不清。雖然也曾想從屏風後偷窺這世界，但其奧秘總揭不開。這是多模糊朦朧的世界啊。這和少女看人生感到美好但又把握不定的心態，是多麼相似。最好一段用兩個問號作結，表示少女感到前途未卜。但以作者來說，是希望每個少女的早春都是「繁花密葉」，都能長成如一棵參天的大樹。

此詩用「淡淡的酒」喻春色，意味深長。「三月是未嫁的小女」，聯想也非常新鮮。不用「少女」而用「小女」的稱呼，與纖細的雨絲的景物正好相吻合。「偷窺」二字，生動地寫出了少女的好奇心。在結構上，一、二段由景寫到物，「鏡頭也由遠而近。前者從時序來象徵，後者從形態來象徵」（蓉子：《青少年詩國之旅》，業強出版社，1990年10月，第164頁），這均表現了作者構思的匠心。

白色的睡

這是失去預言的日子
在憂鬱藍的穹蒼下
我們採摘不到一束金黃
很多很淡的顏色湧升
　很多虛白　很多灰雲　很多迷離
很多季節和收割闊離

（為煥發陽光遺棄了的
怎能曬乾她濡濕的衣裳？）

像滿園蘭蕊
你禁錮的靈魂
正翕合著一種微睡
一群白色音符之寂靜
——我的憂悒在其中
在紫色花蕊。

儘管鳥聲喧噪　滴瀝如雨　滴落
也喚不醒那睡意
冷冷的時間埋葬了歡美
冷冷的靜睡不再記起陽光的顏彩
鳥聲滴滴如雨　濾過密葉

密葉灑落很多影子
　很多影子　很多萎謝　很多喧嚷
我柔和的心難以承當！

五月是火的眼眸
在喧呶的季節裡
她睫毛的陰影猶濃
有甚深的期待

1960年詩人節前發表於《聯合報》

【賞析】　《青鳥集》出版後，蓉子生活道路上發生了重大的轉折。婚後的她，繁瑣的家務事和繁重的公務佔據了她太多的時間。更重要的是當時詩壇上的「戰國風雲」，嚴重地影響了她的創作情緒。用詩中的話來說：「這是失去預言的日子」。在憂鬱的氣氛中，詩人們採摘不到豐收的果實，代替金黃的麥穗是虛白、灰雲……，這就難怪蓉子當時長達三年沒有作品問世了。

　　此詩寫得最動人的是第四段。「冷冷的時間埋葬了歡美／冷冷的靜睡不再記起陽光的顏彩」。那時作者在臺北國際電訊局工作。不管嚴冬酷暑，一年到頭都得去上班：「就像希臘神話中的西塞弗斯，每天得推著一塊大石上山去，而那塊大石又總是會滾下來，如此周而復始，不知何時已！」這時她真希望早點退休！但年齡還差得遠。這種十分緊張，講求時效的工作，埋葬了蓉子多少動人的詩篇；連過年過節也要加班加點的工作，使她再也記不起「陽光的顏彩」。「鳥聲滴滴如雨」、「濾過密葉……」，這裡用視覺寫聽覺，奇幻變化，真是氣氛十足，把作者所追求的

事業和從事的職業在當代敏感心靈上所引起的矛盾，動人心魄地傳出。不說柔和的心靈，就是剛強的男子漢，對那「很多萎謝／很多喧嚷」，都難於承受。

　　在「很多季節和收割闊離」的時候，蓉子仍未絕望，對未來仍「有甚深的期待」。這裡表現的是對詩歌藝術的自信、對埋葬歡美的冷冷的時間的一種蔑視。

　　這首詩的風格和蓉子過去的詩完全不同。無論是在技巧、韻味和意象的運用上，蓉子均朝現代化邁進了一大步。

七月的南方

從此向南——
從都市灰冷建築物的陰暗
繞過鳥聲悠長的回廊
南方喚我！
以一種澄澈的音響
以華美無比的金陽
以青青的豐澤和
它多彩情的名字。

去到南方的柔美
去到那不住召喚我、吸引我的嫵媚
靈魂的方向從記憶中升起
翠嶺遠映低迴
蔦夢向南方纏繞
群鳥向南方展翼
一種古老的願望奇異的豐寧
我夢的雨樹郡！

我的小園沉冷已久
長年掩覆於深深啞默
每一扇窗都封鎖著冷寒和岑寂
到晴朗的南方去

七月蔭穠葉密
我鬱鬱的夢魂日夜縈戀
如斯不可企及的豐盈！

讓陽光鋪路　推開這雲濃霧重
讓陽光為我鋪橙紅金黃的羊毛氈直到南方
我便去追蹤、追蹤他暖暖的足跡
去探詢靈魂成熟的豐盈！

綠色乃是一種無比的豐衍
不斷地從它的本質再生出來
又迅速地漾蕩開去……
無限的蓊茂中含蘊著無盡的生命
有些柔媚、有些濃密、有些蒼勁
而自由舒卷的葉子們如密密的雨
正竊竊地低訴南方的艷美

青枝若夢
青枝以夢姿伸向遠方
因茂密而刻刻滴翠……
空氣中正流佈鬱熱的芳馨
小樹盡如花嫁時的衣飾
繁柯因不勝美的負荷而低垂
啊！一片彩色的投影一種無比的光艷以及
隱藏在叢綠深處的歡美

看踊躍葉子的海
光輝金陽的海
對於棲留在灰暗中的心是無比的歡悅
對於習慣於冷漠單調的眼睛乃彩色的盛宴

到處是引蔓的繁縷　喧噪的地丁
紫色桃色的矢車菊
燃燒的薔薇
傾陽的向日葵　金紅鵝黃的美人蕉
而夏正在榴火的艷陽中行進
在鳳凰木熊熊的火焰中燃燒

到光艷的南方去
看顏色們朗笑著　繁英將美呈現
為淺紅的桃金孃　深紅的太陽花
似軟鐲的牽牛黃　丁香紫　石竹白
綠微紫色的風信子　七彩的剪絨
而百合灑繞層層輕紗
牡丹擁無數華貴意象
一片冶艷繁華

我便用這一叢叢綠　一朵朵紅花燃耀
一季節的光影彩虹
來描摹南方
描繪它悅人的形象

你綠色的蹊徑，一片深色寧靜的覆蔭
你光輝的園子　無比芬風香海
為各種花神所居住的
鳥在光波中划泳
樹在光波中凝定
椰子樹的巨幹靜靜地支撐南方無柱的蒼穹
古老桐的身上現出野獸的紋斑
松果緩緩地跌落在寂謐的苔蘚上
像是幸福的凝滴……

而艷陽熊熊的火焰正點熾
這是宇宙不熄之火
是成熟的豐饒姊妹
使空氣裡溢滿了成熟的香氣──
溢自陽光的金杯；
更用它鮮明的油彩到處塗繪
塗繪在林葉、河水、原野、山嶺
使一切都燦爛耀熠

這是南方美麗的成熟季
七月的門鈴擦得很響亮
光彩迷魅似無數華麗的孔雀羽
陽光用七弦金琴演奏
演奏於綠色發光的草原
如群雀歡噪在南方

　　——在如染的南方
　　七月不停地變換它彩色的裙裾
　　它如虹的笑靨
　　彤雲與果寶也刻刻在變化
　　我憪憪的灰衣遂也侵染了南方的繽紛
　　南方的華麗！

1960年11月1日《文壇》

【賞析】　　1961年，蓉子出版了第二冊詩集。她用《七月的南方》做書名，可見她對這首詩特別看重。

　　〈七月的南方〉這首詩給我們的第一個印象，是它的篇幅長。不僅在蓉子詩集中罕見，而且在別的女詩人作品中也較難找到。它不到100行，已足夠顯示作者處理這種題材的魄力。其意象的豐盈，情感的飽和，所描繪的南方景色的艷美，外加心智的壯闊，大自然的和諧，完整和壯麗，堪稱第一流。

　　作者為什麼對「七月的南方」如此嚮往呢？這是因為她厭惡都市建築物的灰冷、陰暗。長期以來，她的心棲留在灰暗之中。呆板枯燥的工作，使她的眼神變得冷漠單調。而一旦來到光艷的南方，看到淺紅的桃金孃、深紅的太陽花、似軟鐲的牽牛黃，還有綠微紫色的風信子、七彩的剪絨、擁無數華貴意象的牡丹，她心情怎能不激動！「我憪憪的灰衣遂也侵染了南方的繽紛／南方的華麗」。在繽紛的色彩和華麗的景色映襯下，「憪憪的灰衣」顯得更令人失望和生厭。

　　想從前，緊迫的時間將她擠進「無窗的小屋」，現在濃雲重霧被推開，陽光在為自己鋪一條橙紅金黃的羊毛氈直到南方。這

不是一般的旅遊，而是「去探詢靈魂的豐盈！」「南方」也再不
具有地理學上的意義，而成了靈魂成熟的季節的象徵。那裡充滿
了智慧、繁茂與陽光照耀下的豐美。

　　蓉子筆下的大自然，很少出現恐怖的原始森林，如猛虎的高
原，神秘莫測的蠻荒。她寫的多為燦爛的原野、叢林深處的歡美，
以突出大地女神（即地母）的悅人的形象。在現代主義甚至超現
實主義流行的六十年代，蓉子沒去趕時髦，在精神上仍追求古典
主義的平衡與和諧。在藝術上，則不斷刷新，追求強烈的現代感，
這說明「她不再是歌聲清泠的青鳥，而是領略過『現代』寒意的
『企鵝』了」。（張健：《評〈七月的南方〉》，見《中國現代
詩論評》，純文學月刊社，1968年7月版）

碎　鏡

誰知我們能登陸明天——
明天與明天　是叢生在我們航線上的
一些不知名的島群！

哦，從碎裂的寧靜裡：
有多少散光的投影？有多少煩瑣的分屍！
有多少海在城內，溺斃了顏色和形象?!

（從滿罈雜色的鷄尾酒
我如何能一掬醇芬！）

總是零　總是負數
總是逆風而行
且不住地死亡
這種持續的死，使我衰弱！

日子是跛腳的
因在不甚透明的夜裏
我不悉你的笑容屬於哪一種花卉
我僅知我丟失了　啊！太多
每當風聲走過
就落下很多塵的波影　很多夢的虛幻！

1960年6月1日《現代詩》

【賞析】　蓉子並不是一個夢幻詩人。她不躲在象牙塔內編織虛幻的花朵。現實世界的醜惡，諸如人性的淪喪，物欲的囂張，她不能不感到窒息的苦痛與孤寂。這首詩正是她這種心緒的反映。

　　「碎鏡」，當然不是物理學意義上的，它是作者的理想受到現實的嘲弄後的象徵。寧靜的境界碎裂後，所看到的不再是鮮花、美酒、錦旗，而是「散光的投影」、「煩瑣的分屍」、「海在城內溺斃了顏色和形象」。作者懷著失望的悲哀，不再對「登陸明天」信心十足。「總是逆風而行／且不住地死亡」，使她感到青春時代的浪漫曲已不切合實際。現實一片混濁，連夜也「不甚透明」，使人難以分辨虛偽與真誠。丟失太多，這並不是壞事，從另一方面來說可擴大生活的視野，使思想變得深沉起來，成熟起來。詩寫到最後一行，日子還沒有變得完美，「很多塵的波影」還在落下，「夢的虛幻」仍未消失，作者的內心世界的變化仍在進行，正所謂「言有盡而意無窮」。這也是詩人的高明之處。

亂　夢

驚見一株水仙
返照於投過石子水面的破碎
沉默非金──
乃幽寂的灰路
或為風捲去的沙塵
我們的蒙古包也會為風捲走

現實是風雪掩蓋的冬天
嘆息寓居在你金色的羨慕裏

我乃一無聲的空白
一孤立在曠野裏的橋
一擱淺了的小舟
有迷失在水天間的那種沮喪！

時間侷迫著
擠我們於無窗的小屋
迷濛的始終不能清晰
明晰的卻是殘缺、謊言和醜惡
社會、社會不讓我們
看它的眼睛

有一尾魚竟日躞蹀在這
不透明空漠的河上
不敢回顧
怕引起一池粼粼苦笑……

所有失敗之允諾
一種殘忍的苦痛
早晨的沁涼為廚房烘焦
剩下正午　剩下夜
剩下離亂頭髮的陰影
一些亂夢

像一千種夢魘　可怕的蒼白的雨
疲憊而不能憩息
而我們的優異對於某些人
尚沒有一枚草莓的價值

夜、戴面罩的回女
夢是欲飛的翅衣，欲蛻化的蛾

久久地被困於沼澤地的泥濘
哦，我將如何？
我將如何涉過
這沉默得如此的深潭！

1960年10月10日《藍星詩頁》

【賞析】 　《青鳥集》出版後，蓉子曾沉默了三年多未發表詩作。從1960年6月起，她終於跨過了「這沉默得如此的深潭」，發表了《碎鏡》等新作，其中發表在同年十月《藍星詩頁》女詩人專號上的〈亂夢〉，曾在詩壇上引起不小的震動。

　　〈亂夢〉完全不同於蓉子過去所締造的嫻靜和完美的藝術世界。之所以有這種重要的差別，在於婚後的蓉子，從天眞無邪的少女在向著成熟的女性過渡。她曾這樣自述過：「作爲一個苦難的中國老百姓，一個平常公務員的我，朝夕爲了生活而工作，這些夢想的花朵，已一瓣瓣凋落在冷硬的現實石板路上了」。「現實所給予我的，是人海無休止的浪濤衝擊，善美人性的淪喪，物欲的囂張，我爲此而感到窒息的痛苦與孤寂。腳底下又是不停的戰爭，驪別與流亡——這些流動的生活——感情與思想。這一份憧憬，一份抑鬱及憂憤，使我不自禁的要寫詩。」（轉引自高歌：〈千曲無聲——蓉子〉，臺北《幼獅文藝》第208期）

　　這最後一句話，說明蓉子不是爲文造情，而是爲情造文。她完全迥異於那些沒有自己的歡笑和眼淚，只在形式上做盡了時髦的所謂詩人。像她這首〈亂夢〉，全是自己靈魂的解剖，而無他人窠臼。僅開頭二句，我們便可看到這位水仙花般的詩人有過怎樣夢的震驚。現實的「殘缺、謊言和醜惡」，如何把她從百花盛開的春天推向「風雪掩蓋的冬天」。

　　這首詩的意象顯得凌亂、破碎。一會兒出現風沙捲走蒙古包的鏡頭，一會兒出現許多人被擠於無窗的小屋的場面，還有一尾魚竟日躑躅在不透明空漠的河上，早晨的沁涼爲廚房烘焦，剩下離亂頭髮的陰影……這都和「亂夢」的題目相呼應。第三段宣稱自己是「無聲的空白」，是「孤立在曠野裏的橋」，是「擱淺了

的小舟」，均有所隱喻或象徵，寄托了作者「迷失在水天間的那種沮喪」的強烈感受，表達了當時複雜的思想感情。結尾說自己不知如何涉過寂寞無邊的沼澤地的泥濘，調子似乎有些低沉。但如果聯繫起作者前面寫的謊言和醜惡的清醒認識，我們就沒有理由相信作者將涉不過「這沉默得如此的深潭」。

　　這首意象繁富、抽象而深刻的詩作，其重要性「不僅在於它曾牽動詩壇的驚訝，更由於它在蓉子個人的詩生命中，指出了一條更具體，更眞實的道路：向現實生活裏，開發全新的感覺」（高歌：〈千曲無聲──蓉子〉）

我們踏過一煙朦朧

我們踏過一煙朦朧
但不是瑩月耀地的花間路

偶然翹首
那光浮在蛛網的層樓
繫所有重量於
一絲懸盪……

無定、枯萎、焦愁
扮以無數鬼臉傾訴
雲的假面正濃

追問的電光裏
是回音被淹沒不聞
在風中

但我相信
我會站立得足夠的久
去看褪去了雲的詭譎假面的
廬山真貌

1961年9月7日《聯合報》

【賞析】　這首詩發表於1961年9月7日。它題旨鮮明，畫境朦朧，詩味蘊藉深長。

全詩共分五節。作者「以意運法」，詩意貫串於各種畫面之中，構成一個「無定、枯萎、焦愁」的完整意境。

以象徵手法表達自己和現實世界的抗爭，是此詩一個重要特點。作者不直抒胸臆，而著重寫了「無數鬼臉」、「雲的假面」、「回音被掩沒不聞」，以表示作者對險惡的社會的詛咒。一切都看不清，前面不再是瑩月耀地的花間路，偶然翹首，所看見的是「光浮在蛛網的層樓／繫所有重量於一絲懸盪……」，這種景致，是現實醜陋動盪不安的一種投影。即使這樣，作者仍堅信有充裕的時間去看假面的脫落，盧山真面目的顯示。這不是硬加上去的光明尾巴，而是作者思想順理成章發展的結果。

此詩是典型的現代詩，同時又不失民族特色。像「一煙朦朧」，很容易使人想起唐人杜牧的「煙籠寒水月籠沙」的詩句。「盧山真面」，也是出自蘇軾的名句「不識盧山真面目，只緣身在此山中」。這些典故均運用得自然，沒有人為的斧鑿痕跡。

夏，在雨中

縱我心中有雨滴　夏卻茂密　在雨中
每一次雨後更清泠　枝條潤澤而青翠
夏就如此地伸茁枝葉　鋪展藤蔓　垂下濃蔭
等待著花季來臨　縱我心中有雨滴

如此茂密的夏的翠枝
一天天迅快地伸長　我多麼渴望晴朗
但每一次雨打紗窗　我心發出預知的回響
就感知青青的繁茂又添加

心形的葉子闊如手掌
鬚藤繾綣　百花垂庇　在我南窗
啊、他們說：夏真該有光耀的晴朗
我也曾如此渴望

但我常有雨滴　在子夜　在心中
那被踩響了的寂寞
係一種純淨的雨的音響——
哦，我的夏在雨中　豐美而悽涼！

【賞析】　此詩以雨中的夏季作爲描寫對象，其寓意是反映作者心中的惆悵和憂傷。「如此茂密的夏的翠枝」只是詩的外表，渴

望自己那常有雨滴的心中能有「光耀的晴朗」，才是詩的題旨。

　　作者多次寫到夏天的繁茂：鋪展藤蔓，垂下濃蔭，而「我」，又何嘗不希望隨著夏季的成熟而脫掉往昔的稚嫩，讓「心形的葉子闊如手掌」！但「我」的心境不好，充滿了憂傷，尤其是在夜闌人靜的時候，那「被踩響了的寂寞，係一種純淨的雨的音響」，顯得豐美而又悽涼。在這裡，我們又一次感受到詩人的心境和大自然的矛盾。

　　全詩音響與畫面交織，表現了一顆溫情、銳敏的心靈的冀盼和期待。這種寫法，在蓉子現代詩創作中屬試驗性質。即使這樣，它給讀者迷醉泠澈的微妙感覺，仍非常難忘。

看你名字的繁卉

訝異於一粒幽渺落在泥土　垂實成穗
看你名字的繁卉！

倘若你能窺知。

假如你偶然地閒步來此
你就聽見溫柔的風中正充滿
你名字的回音……

從春到夏每一夢魘
都有你名字靜美的回馨
從二月的水仙到川流的六月蓮菱

在綠蔭深處　在丁香垂掛
不為甚麼地芬芳　不為結果
不為甚麼地叮叮噹噹

真的，緣何遍處皆有
你名字叮噹的繁響　在晨與暮
以片片綠葉交互的窣窣
如此閃耀在露珠和星輝之間
如此地走過紫色的繁花！

【賞析】　大自然的風貌與美麗，是蓉子靈感的一個重要來源。很少有臺灣詩人像蓉子那樣對大自然有如此強烈的愛。在此詩中，蓉子將大地神化、母性化。詩題〈看你名字的繁卉〉的「你」字，不應理解爲戀人，而應理解爲「顯靈的大自然之神」（鍾玲：《現代中國繆司──臺灣女詩人作品析論》，第148頁）。

作者用深厚的感情，珍珠般玲瓏的詩句抒發了她對大地的無比熱愛。作者不斷念叨大地的名字，驚異於它名字的繁卉，並以不同的視角描繪「你的名字」所產生的奇特效益，以此來表現大地的母性與豐饒。

此詩在許多地方用了通感手法，如由名字的「繁卉」視覺轉移到「叮噹的繁響」的聽覺，又由視角轉移到「靜美的回馨」的嗅覺。對自然景色與內心思緒相互著墨，虛實相參，用輕盈的形式表現出一種深沉的內涵，給人美的享受與啓示。

在語言上，「你的名字」一句多次出現，不但不累贅，反而產生一種迴腸蕩氣、一唱三嘆的旋律。蓉子對大地母親的膜拜的虔誠，從春到夏的每一個夢靨，正是她銘心刻骨的相思的反射。

我們的城不再飛花

我們的城不再飛花　在三月
到處蹲踞著那龐然建築物的獸——
沙漠中的司芬克斯　以嘲諷的眼神窺你
而市虎成群地呼嘯
自晨迄暮

自晨迄暮
煤煙的雨　市聲的雷
齒輪與齒輪的齟齬
機器與機器的傾軋
時間片片裂碎　生命刻刻消褪……

入夜，我們的城像一枚有毒的大蜘蛛
張開它閃漾的誘惑的網子
網行人的腳步
網心的寂寞
夜的空無

我常在無夢的夜原上寂坐
看夜底的都市　像
一枚碩大無朋的水鑽扣花
正陳列在委托行的玻璃櫥窗裏

高價待估

【賞析】　環境保護是臺灣80年來社會所關注的一大問題。工業向前發展本是好事，可跟隨來的環境受侵害，使民眾忍無可忍。他們常用集體抗議等各種形式表示其憤怒之情。在「環保意識」高漲下，詩人們也受了感染。基於社會責任感和文學干預生活的傳統，他們寫了不少環保詩。蓉子的〈我們的城不再飛花〉，便是其中著名的一首。

　　全詩以古詩名句「春城無處不飛花」反其意而用之，寫盡都市文明所帶來的負面現象。頭一段寫高聳入雲的建築物，再不令人神往，因它將山水風物封死在高聳的樓峰之間，像野獸一樣吃掉周圍的新鮮空氣，正如羅門在〈方形的存在〉一詩中寫的：「天空溺死在方形的市井裏，山水枯死在方形的鋁窗外」，蓉子用「獸」、「司芬克斯」、「市虎」這些比喻充分表示了她對都市文明的不滿之情。第二段「煤煙的雨，市聲的雷」，是對環境污染、生態破壞的生動描繪，可視作全篇之警策。後面幾句全用對仗句出之，為的是與都市的枯寂單調生活相吻合。第三段著重控訴都市夜生活的罪惡。形形色色的誘惑，滿足了人們官能的需要，可到最後並不能解除內心的寂寞和痛苦。最後一段用富於女性意識的「水鑽扣花」的意象，暗示高度的物質文明的腐蝕力量，在於造成人與人之間關係的異化。

　　環保詩具有強烈的社會批判力，弄不好會流於標語口號。此詩沒有陷入公式化的窠臼，原因除了上面說的用了眾多生動的比喻外，還在於結尾非常含蓄，耐人尋味。

晚秋的鄉愁

紫色雛菊簇立在更深色的瓶內
在鏤刻著福與壽字的古老花甕
在異鄉的風裏淒愁

面虛靜落下
在昔日家屋
在遠處山岡

雲淡淡曳過
風輕輕颭過山頭
水悠悠溜走
有琵琶聲的哀怨滴落在水上

看青青的潭水有多冷
十月的寒意有多深　以及
幽壑奔冽的光
有一種可觸及的悲涼

啊！誰説秋天月圓
佳節中儘是殘缺
——每回西風走過
總踩痛我思鄉的弦！

【賞析】　一灣天然的海峽，像一道鴻溝，隔開了海峽兩岸炎黃子孫的聯繫。然而它隔不斷遠方懷念故土的歌聲。蓉子的〈晚秋的鄉愁〉，就是從海峽對岸飄來的動人思鄉曲。此詩共分五段。開頭一段出現的紫色的雛菊，古舊的花甕，異鄉的疾風，組成了一個冷色調的畫面。值得注意的是菊花不是成熟的而是含苞的嫩菊，還沒長大就離開大地被插到「古老花甕」內，使人聯想到許多海外遊子也是從小隨父母親離開大陸的。「福」「壽」與被採摘、「雛」與「古老」，形成了鮮明的對照。這對照，為的是加深「凄愁」的氛圍。第二、三節把鏡頭從異鄉轉向家鄉。家鄉雖然遠離鬧市，在遠處山岡，但那裏的風景實在令人留戀。無論是淡淡曳過的雲、輕輕揚過山頭的風、悠悠溜走的水，哀怨動人的琵琶聲，都呈現出一種隨心所欲的自由狀態，這真使人想到「親不親故鄉水，美不美故鄉人」的諺語。作者將哀怨的琵琶聲比作水滴，用聽覺與視覺的交感表現有家歸不得的心情，使不可捉摸的鄉愁變得具體可見。第四節又回過來寫異鄉的山水，借晚秋的涼意抒發隨時可以觸發的悲涼情緒。其中寫潭水的冷，是為了反襯思歸的熱。這裏的潭水由於是詩人感情的載體，因而顯得似真非真，似幻非幻。最後一節的仰天長嘆，把詩人思鄉的歌聲化作一陣顫抖傳遍讀者全身，其感情的濃度與強度似可與李清照的「只恐雙溪舴艋舟，載不動、許多愁」相媲美。

　　此詩「由多種意象組成幾個畫面，在這幾個畫面上滲透著詩人無法排遣的身世之感、飄零之痛的凄苦情緒，感情流呈現隱隱閃現而更為內向的潛流式形態。」（李旦初：《一代詩人盡望鄉》）象徵手法的成功運用、脫俗的妙喻奇思和舒緩柔和的低腔，使人感到詩人創造力的噴泉有如水花四濺。

今、昔

每一個日子都是晴朗
　每一天都是假期
那是在年青時光
　在陽光之旁　在面紗之後
日光下都是花朵
　日光下儘是奇蹟
——當一連串歡美的音符洋溢
這世界就是天國，就是天國

每一個日子都是雲霧
　每一天都是煩愁
當春花逝去　夢凋落在心頭
　而工作堆積在棧房
日光下儘是勞苦
　日光下並無新事（註）
——當金黃色的日子轉化為
棕色的　沈重的責任的山崗

註：語出舊約傳道書第一章九節

【賞析】　這首詩的成功之處，在於用鮮明的對比手法描寫了過去無憂無慮的生活與今天對繁重生活重壓的不同感受。

　　每個人在年青的時候，都有過歡樂的時光。不是在明媚的陽

光下散步，就是在花團錦簇的公園裡談情說愛。對他們來說，每一天都是晴朗的，不存在著狂風暴雨；每一天都過得像假期那樣愉快，「日光下儘是奇蹟」。可浪漫蒂克的時代結束後，代替「一連串歡美的音符」是雲霧、煩愁。做不完的工作，與過去的天堂般生活相對照，便不能不使人產生無窮的人生感慨。但作者並不因此灰心喪氣，貪戀「天國」般的生活，而是由此轉化爲一種沈重的社會責任感，以勉勵自己。

　　這首詩營造了今昔的不同生活氛圍，巧妙地將「歡美」與「煩愁」的不同感受揉合成有機的整體，奏出了一曲鮮明對照的生活進行曲。

我的妝鏡是一隻弓背的貓

我的妝鏡是一隻弓背的貓
不住地變換它底眼瞳
致令我的形像變異如水流

一隻弓背的貓　一隻無語的貓
一隻寂寞的貓　我底妝鏡
睜圓驚異的眼是一鏡不醒的夢
波動在其間的是
時間？　是光輝？　是憂愁？

我的妝鏡是一隻命運的貓
如限制的臉容　鎖我的豐美於
它底單調　我的靜淑
於它底粗糙　步態遂倦慵了
慵困如長夏！

捨棄它有韻律的步履　在此困居
我的妝鏡是一隻蹲踞的貓
我的貓是一迷離的夢　無光　無影
也從未正確的反映我形像。

【賞析】　「弓背的貓」，係形容梳妝鏡子的外觀，而貓本身，

又是女性寵愛的小動物。將妝鏡和貓聯繫起來，便將這兩個限制自我發展、製造幻象的象徵，轉化爲自覺反省的象徵，反映女人隨著時光流逝而出現的困境，體現了女性作家觀察事物細膩的特點。

第一段至第三段，通過每天都要用的梳妝鏡子，反映了「我的形像變異」：由一個天眞無邪的少女變成一個步態倦慵的婦人的內在感受。最後一段，妝鏡由「弓背的貓」變成「蹲踞的貓」，並幻化爲無光、無影的迷離的夢。

此詩以敏感深刻的筆觸，寫出女性對青春流逝而悟出的生命眞諦，並借用不同視覺的比喻從變幻的時間中尋求自我。這自我雖然新潮色彩不濃，更多的是中國傳統婦女所具有的靜淑、自制、自重、矜持這些特點，但對其他女性乃至男性尋求自我，淨化心靈，仍有一定的啓示意義。

井

井是一疊疊唱片砌成的回音室，
井壁上全是一圈圈唱片上的紋痕。
那兒是祖母年輕時常去汲水的地下河；
是父親做孩童時用來冰西瓜的冷藏庫；
啊，更重要
它是青蛙做夢的好地方！
在那兒，
一隻小青蛙夢見自己是世界上
最尊貴的國王！

【賞析】　1967年，蓉子應臺灣省教育廳兒童讀物編輯小組的邀請，為孩子們寫了不少生動有趣的兒童詩。〈井〉便是其中一首。

　　一座普通的水井，是老一輩人苦難的見證。那時沒有自來水，奶奶年輕時常到那裡汲水做飯；那時沒有電冰箱，父親冷藏西瓜同樣離不開井。這裡用了「地下河」、「冷藏庫」的比喻，使孩子們易於接受這種「憶苦思甜」的教育。開頭把井比作「回音室」，把井壁比作「唱片上的紋痕」，也很有兒童詩的特點，為孩子們所喜聞樂見。最精彩的是後半部講的井底之蛙，鼠目寸光的故事。青蛙長期生活在井下，以為世界就這麼大，自己就是這世界上的最尊貴的國王，顯得多麼荒唐可笑。這個故事，寓教於樂——教育孩子們不要過分自我膨脹，像有些人那樣總以為老子天下第一。兒童詩能像蓉子這樣做到思想性與藝術性的統一，實屬不易。

為什麼

小河為甚麼這樣不停地奔走？
雨水為甚麼這樣滴滴答答地唱歌？
藍天上為甚麼有這許多閃亮的星光？

世界是多麼遼闊美妙！
我為何不快快長大
好知道一切為甚麼會這樣？

【賞析】　此詩模擬少年兒童的口吻，問小河為什麼會不停地奔走，雨水沒有喉嚨為什麼會滴滴答答地唱歌，藍天上為什麼會有閃亮的星光出現……，以開放智力，啓發兒童思考問題的能力，促使他們更快地成長。

寫兒童詩，最重要的是要有兒童情趣，這裡講的兒童情趣，是指寫出孩子的稚氣和天真。像雨水為什麼會唱歌這類發問，在大人看來純粹是「孩子話」，但就是這種「孩子話」，讀來才能使人發出會心的微笑。兒童情趣的另一含義是指符合兒童的心理特點，像蓉子這首詩主題鮮明，語言明白易懂，非常適合兒童的理解能力和欣賞習慣，不愧為一首優秀的兒童詩。

卷　四

維納麗沙

維納麗沙
你不是一株喧嘩的樹
不需用彩帶裝飾自己，

你靜靜地走著
讓浮動的眼神將你遺落
因你不需在炫耀和烘托裏完成
——你完成自己於無邊的寂靜之中。

【賞析】　維納麗沙，是洋人的名字，很容易使人將其和達文西的名畫〈夢娜麗莎的微笑〉的主人公名字混同。其實，蓉子的〈維納麗沙組曲〉的抒情主人公和〈夢娜麗莎〉沒有關係。作者並沒有以夢娜麗莎為藍本去寫維納麗沙。這是兩個生活在不同時空中的不同女性。夢娜麗莎顯得安適與寧謐，因一抹神秘的微笑而俘虜廣大讀者。而蓉子詩中的維納麗沙「卻全不是這樣，她生活在一個擾攘喧囂的年代，在不停地跋涉充滿風沙的長途，但不忘自我塑造。這是一組自我世界的描繪，自我靈魂的畫像，一組孤獨堅定的徐徐跫音……」（蓉子：《〈維納麗沙組曲〉後記》）。

　　具體來說，〈維納麗沙〉所著重描繪的是女主人公的靜美，和蓉子在〈一朵青蓮〉中寫的「一朵靜觀天宇而不事喧嚷的蓮」相似。所不同的是，一個是咏物，一個是直接寫人；一個所寫的是具有中華民族特色的植物，一個所取的是意大利女郎的名字。

維納麗沙雖然洋裝穿在身，可在她衣服下面掩藏著的遺世而獨立、
不用彩帶裝飾自己的心志，百分之百是中國知識分子的。如「靜
靜地走著」，不穿戴珠光寶氣的衣服，不用任何華麗的背景烘托，
在無邊的靜寂中完成自己，顯得何等嫻靜，何等端莊，何等自重。
正是這種清麗絕塵、超脫忘我的風貌，爲這組詩定下了總的基調。

親愛的維納麗沙

親愛的維納麗沙
已經是正午了
當日光像滑梯緩緩傾斜……

懷想年少的裙裾　青春的步容
揚起在綠色的國度
在歲月的那邊。

維納麗沙
此刻竟長伴擾攘、喧囂
任歡悅和光華在煩瑣裏剝落！

【賞析】　每一個年輕人都有過浪漫蒂克的幻想，都有過自己的
憧憬，總希望有一天能實現自己的美夢。由於當時涉世不深，對
現實有過多的奢望，就以為理想會毫不費力實現。可一踏入社會，
才知事情遠不像自己想的那麼簡單。這首〈維納麗沙〉，便寫出
了維納麗沙心靈所承受的擾攘、喧囂的刺激。這種刺激，竟使當
年邁著「青春的步容」時所顯現的「歡悅和光華」，在「煩瑣裡
剝落」乾淨，由此可見問題之嚴重。

　　此詩用「綠色的國度」與醜惡的現實形成鮮明的對照，用今
天的「擾攘、喧囂」與昨天的「歡悅和光華」造成強烈的反差；
還用映襯手法，寫維納麗沙內心的困惑和處境的哀怨，為其從古

典跨向現代，從自然走進都市，從自我面對嚴峻的現實奠定了基
礎。

肖　像

過往的維納麗沙
是一朵雛菊　似有若無地金黃
浸溢在晨初醒的清流之中
沒有任何藻飾的原始的渾樸的雛菊。

春天的維納麗沙
是一簇鳳仙花　父親庭園內
多彩變異的鳳仙花　在肅穆的鐘架旁。

而夏日有喧鬧
黃昏有檀香木的氣息
你在雛菊與檀香木之間打著鞦韆
在過往與未來間緩緩地形成自己！

【賞析】　這詩屬〈維納麗沙組曲〉中的第五首。它著重表現了
維納麗沙的成長過程。
開頭一段把維納麗沙比喻爲「一朵雛菊」，這係針對維納麗沙的
渾樸品格而言，亦是對第一首《維納麗沙》詩寫的「你不需在炫
耀和烘托裡完成／你完成自己于無邊的寂靜之中」所作的形象注
解。第二段寫維納麗沙「女大十八變」，由稚氣而可愛的小女孩
成長爲「多彩變異的鳳仙花」。最後一段預測維納麗沙的未來：
她仍保留有過去「似有若無地金黃」的亮麗顏色，又有過去沒有

過的像檀香木那樣的典雅，去掉稚氣走向成熟。最末兩句使用了古詩詞中的對仗手法，使維納麗沙的成長過程的內涵顯示得更為豐富多彩。

維納麗沙之超越

美麗的維納麗沙
你有難以止息的憂傷
當「現實」的槍彈一陣掃蕩
哀哉　我們的同伴有多人中彈
多人受傷多人死亡。

在大批的被「俘虜」之前
死啊、死是可讚美的！
──我底維納麗沙就這般地祈求
孤絕中的勇氣　絕望中的意志。

讓我也能這樣伸出筆直的腿
如在夢中行走的維納麗沙
走出峽谷　躲過現實洶湧的浪濤
逃過機器咬人的利齒
滑過物慾文明傾斜的坡度
──奇蹟似地走向前
走向遙遠的地平線！

【賞析】　在《肖象》中，蓉子預言維納麗沙將「在過往與未來間緩緩地形成自己」。這裏講的「緩緩」，是指不是一帆風順，要克服多種困難，其中包含「現實」槍彈的掃蕩，眾多同伴受傷

或死亡。「槍彈」，係指現實的罪惡勢力對人們的傷害，並非實指軍警或土匪的眞刀實槍。這種「難以止息的憂傷」，體現了作者深沉的憂患意識。第二段「贊美」犧牲的同伴，並不是說她們生前作過英勇的抵抗，而是維納麗沙追求自己靈魂的解脫，「祈求孤絕中的勇氣絕望中的意志。」第三段寫維納麗沙獲得前進中的勇氣後走向超越，奇蹟似地走向遙遠的地平線。這裡講的「奇迹」，是她既未被「現實」俘虜，也沒有受傷害。她巧妙地「躲過現實洶湧的浪濤」，逃過環境的污染和工商物慾文明的襲擊，而成爲一個走在時代前沿的中國現代女性英雄。

此詩最動人之處是寫維納麗沙內心的衝突和靈魂的掙扎，即是作者本人所說的「是一個人的性靈在感受外界砂粒侵入的痛苦後於悠長的歲月中逐漸形成的，那是一個孤困的生命向完美作無盡的掙扎。」

偶然的假日

土曜日不比
日曜日短絀　卻格外寬廣
如坦坦原野　夢迤邐無際

土曜日比日曜日更長更大
比月曜日的眼睛更亮
較火曜日的步履更輕盈
——為我們可以脫下緊箍了一週的工作衣
再一次屬於自己！

偶然的假日使時間
增富　空間
擴大　心靈更
豐盈——
時間的甬道不似平日擁擠
今晚不必早眠　恐明晨摔不掉那慽慽的疲憊
明晨不需早起　去趕無情的巴士。

從今晚到明晚，房子沒有圍牆；
路沒有欄杆　場地不需租金；
時間的長綢不會段段被分割；
沒有水壩攔住這平滑的流水……

閑情舒伸，節奏迴旋
晚間可以聊天　星光飾滿長天
白晝可以寫詩　於日曜日裊繞的青冽裏
靈感的紙鳶正上升……

【賞析】　人必須上班，不上班就意味著失業，生活便沒有保障。
但對和繆司訂了永遠契約的人來說，上班妨礙寫作，妨礙文學活
動的開展。尤其是所幹的工作與藝術完全無關，上班必須全神貫
注，容不得有任何小差錯時，靈感來了的詩人便會感到無限痛苦！
蓉子就曾這樣自述她的願望。盼能選擇到一種比較輕鬆的工作，
以減少時間的壓力，偷閒寫詩。可當時蓉子和羅門所從事的職業
都是「十分緊張，爭取時效的工作」，更使人煩惱的是蓉子值上
午班時，羅門則值下午班，兩人總是湊不到一起。唉！生、勞、
病、死，難道這就是人生！

　　了解了蓉子當時緊張的工作狀態，我們就不難理解她爲什麼
會在這首詩中大贊特贊脫下緊箍了一周的工作衣的「偶然的假日」。

　　值得注意的是此詩流利明快的語言和輕快跳宕的語言旋律。
如第四段寫得激情奔放，語言流暢，不愧爲一首「快詩」。這裡
講的「快」，是指作者及其同事們脫下工作服換上休閑衫，愁懷
頓消的感情如地泉噴發，滔滔汩汩，顯得異常痛快。二是從語言
節奏看，「今晚不必早眠」、「明晨不需早起」等詩句冲口而出，
不假雕飾，一氣呵成。無論從節奏和氣勢看，「晚間可以聊天」、
「白晝可以寫詩」，均充分地表現了詩人「閑情舒伸」的感受，
不愧爲「節奏迴旋」的快詩。

未言之門

我曾歎息於
那門一啓一閉之際　偶爾哭泣於
那門一開一闔之間　往往驚心於
那門一匄一訇之時……

那門　一縫之隙
一飄動的窗帷　一含糊的低語
你如何展布為寬廣的園林？
——你難以窺見一隻豹受傷的全景

每一潮汐之短暫
每一短暫連成永恒的鏈環
那啓唱初曲的未必能聆知終曲！

音符的鴿群如何捕捉？
寂寞的雲影從四方湧起
門外僅見栗殼色的一片
關閉著那永恒的奧祕！

我是未改其性的孩童
時欲窺看門內的秘奧
想見其眼神與風姿

於那門開闔之際……

1969年6月《幼獅文藝》

【賞析】　據說詩國之門很難敲開，詩歌創作規律只可意會，難以言傳。因爲寫詩不同於工藝師紮紙花，有一套操作技術可供傳授。這就難怪蓉子在從事詩歌創作之前，常嘆息詩門開啓的神秘，爲無法自由地來往於其中而傷心乃至「哭泣」。

這首詩表現了蓉子探索詩藝的心路歷程和對詩歌創作規律的認知。她先是爲不能掌握那未言之門的開合而苦惱。一旦看到詩國之門的一開一闔，她又驚嘆於詩藝的奧妙無窮。那怕詩人寫的只是「一飄動的窗帷」，便不難看到窗外的無垠景象；那怕寫的是一片竹葉，讀者從中看到的是枝繁葉茂的寬廣園林。從有限去表現無限，從半開半閉的瞬間去把握全景，這是蓉子堅信的詩歌創作的信條。她相信可以從短暫的潮汐中窺見大海的性格；她相信自己一旦迷戀上繆思，就一定能朝著這條路走下去，而不像有些人只能「啓唱初曲」而未能「聆知終曲」。

詩歌創作的道路是一條漫長的探索過程。只要還有創作欲望，就得經常考慮如何捕捉「音符的鴿群」，揭開那「永恒的奧秘」。蓉子自述她是一個「未改其性的頑童」。正因爲她童心不泯，永遠保持著年輕人的心態，耐心守候那門的開闔的刹那，所以她才贏得了「永遠的青鳥」的美譽。

此詩體現了強烈的創新意識。它本屬於《維納麗沙組曲》一書，可開頭一段用了不少個文言詞滙。像「一旬一旬」，用字較生辟，雖不利於讀者閱讀，但顯得言簡意賅。尤其是和前面「一啓一閉」、「一開一闔」對照起來讀，可增強門的一開一關的視覺效果。

詩

從鳥翼到鳥
從風到樹　從影至形
——一顆種子從泥土出生的路徑與變化

我們的繆斯有陽光的顏色
水的豐神　花的芬芳以及
鐘的無際迴響

「伐柯　伐柯　其則不遠」
而盛藻如紙花　規條是冷鏈
倘生命不具　妙諦不與

若我是翼我就是飛翔　是漣漪就是湖水
是波瀾就是海洋
是連續的蹄痕就是路徑

從一點引發作永不中止的跋涉
涉千山萬水　向您展示
無邊的視域與諸多的光影

【賞析】　和〈未言之門〉詩一樣，這篇作品用古人以詩論詩的
形式表達作者的創作經驗和對詩的理解。

　　第一段不妨看作是作者對生活與藝術的辯證關係的理解。從生活到藝術，有如種子從泥土中發芽，需要一個過程。生活不就是藝術，有如影不等於形。但藝術必須從生活中來，有如形與影不可分開。

　　第二段寫繆斯女神的迷人魅力。她有色澤，有芳香，有無邊無際的迴響。難怪作者一輩子與詩相伴，決不後悔自己的選擇。

　　第三段講創作不能模仿，不能靠堆砌詞藻奏效，否則做得再好也是沒有香味的「紙花」。創作有規律，但無框框。按固定的公式（「規條」）去創作，必會缺乏藝術生命力。

　　第四段講詩的藝術規律是「表」得約而「現」得博，「表」得窄而「現」得廣，「表」得近而「現」得遠。給你一對翼翅，便能聯想到太空中翱翔；給你一小塊漣漪，就能「望」見一大片湖水；給你一朵浪花，就能使你置於洶湧澎湃的大海之中……。詩不要求直接寫「路徑」，只要寫了「連續的蹄痕」，便能造成言簡意賅，韻味深遠，令人含咏不盡的藝術效果。

　　最後表示自己的決心：在詩歌創作的道路上，決不半途而廢。那怕困難重重，要「涉千山萬水」，也不停止自己的藝術攀登，以向廣大讀者展示「無邊的視域與諸多的光彩」。

　　以詩論詩，其主要藝術手段是賦論於形，但其核心仍在論本身。沒有真知灼見，即使用了再多的奇巧比喻，也是「可憐無補費精神」。蓉子這首〈詩〉之所以不同於一般抒情述懷，寫景敘事之作，原因在於它揭示了詩的奧秘和回答了當時詩歌創作中的實際問題，帶有針對性和指導性。

古典留我

古典留我　在鄰國
隔著海水留我　在春暮。

那時「香遠池」的一池蓮紅尚未睜眸
鳥聲在漢城各座宮殿庭院內滴落
如密密雨點落在鬼面瓦上
一處處都是回響……

夢在江南　春色千重
柳絮兒滿城飛舞；

夢在北國　漢家陵闕
鷹隼飛渡無雲的高空。

白衣峨冠的老人走過漢城街頭
他靜靜垂釣於千年前的湖泊
在歷史故都的城郊
像從未識二十世紀的喧嚷和干戈

呵！春城烟籠
此處猶可見東方，
昔時明月

　　淡淡的唐宋。

【賞析】　「古典留我」是作者於一九六五年應邀組成臺灣女作家三人代表團，訪問南韓首都漢城時所寫。這首抒情佳作，於詩情畫意中寄託了中華民族的熱愛和對祖國的深情懷念。

　　開頭一句寫得很有韻味。作者不直說我留戀古典，而倒過來說，「古典留我」，一方面是爲了突出「古典」在我心目中的強烈印象，另方面也是爲了在音韻上產生「聲諧而句警」的效果。「在鄰國」，是說明地點；「在春暮」，是點明季節。它們均屬倒裝句，比順裝句更具音樂效果。

　　第二段爲「身在異邦，心在祖國」的藝術構思作鋪墊和過渡。詩人來到漢城的「香遠池」，見一池蓮花含苞待放，聽一陣鳥聲如密密雨點滴落在瓦上，可是這再美的景色，都不屬於自己的祖國。由這美好的春光，不由勾起她對柳絮滿城飛舞的江南，鷹隼飛渡萬里晴空的北國的回憶……。第五段又回到現實。這裡有人，有簡捷的情節。一個白衣峨冠的老人，在千年前的湖泊安靜地垂釣。他不識廿世紀的喧嚷和干戈，如浮雲野鶴，生活得非常逍遙自在。作者通過這一小小的生活鏡頭的展示，表現了她對和平、自由生活的嚮往。她希望祖國不要再出現喧嚷和干戈，能使自己和平地回到自己夢魂縈繞的江南，不再因一彎淺淺海峽的阻隔無法到「漢家陵闕」去憑弔，而只能通過鄰國去眺望祖國。末尾一段寫作者透過明月高照、輕烟籠照的春城，看到了日夜思念的「唐宋」──祖國。「淡淡」二字，不僅是寫月色的微弱，同時也寄寓了自己淡淡的愁思。

　　蓉子是臺灣新古典主義流派的重要代表。她的詩作，創造性

地繼承了唐詩宋詞的優良傳統，帶著濃郁的古典美的韻味。這首詩的古典美，不僅表現在題材的選擇以及熱愛偉大的中華民族的思想內容上，而且表現在氛圍的創造和語言的運用上。「夢在江南　春色千重／柳絮兒滿城飛舞」，這些句子都很美，且聲韻蕩漾，處處流露出一種令人陶醉的古典詩詞的神韻美。「春城烟籠」，也使人聯想到「烟籠寒水月籠沙」（杜牧）的名句；「昔時明月」，亦從王昌齡的「秦時明月漢時關」點化而來。但新古典主義並不是復古。「古典留我」亦不是古代人而是現代人寫的思國懷古之作。用「密密雨點」形容鳥聲的密集，以及「像從未識廿世紀的喧嚷和干戈」的議論，均說明作者繼承傳統並沒有株守傳統，而是融合「孝子」與「浪子」的精神再創造新的傳統。

一朵青蓮

有一種低低的迴響也成過往　仰瞻
祇有沉寒的星光　照亮天邊
有一朵青蓮　在水之田
在星月之下獨自思吟。

可觀賞的是本體
可傳誦的是芬美　一朵青蓮
有一種月色的朦朧　有一種星沉荷池的古典
越過這兒那兒的潮濕和泥濘而如此馨美！

幽思遼濶　面紗面紗
陌生而不能相望
影中有形　水中有影
一朵靜觀天宇而不事喧嚷的蓮

紫色向晚　向夕陽的長窗
儘管荷蓋上承滿了水珠　但你從不哭泣
仍舊有蓊鬱的青翠　仍舊有妍婉的紅焰
從澹澹的寒波　擎起。

1968年5月25日《中華日報》

【賞析】　蓉子是一位具有古典精神兼具現代色彩的璀璨女性。

〈一朵青蓮〉，正是作者的自我寫照。本來，蓉子的「蓉」字，是出水芙蓉的意思，與蓮一樣：嫺靜溫雅，遺世獨立，出污泥而不染，具有崇高的人格與孤高的氣質。

人們常常議論一個有趣的問題：詩中要有「我」在，可這個「我」是否等同于詩人自己？對此，自然不可一概而論。有些抒情詩中的「我」是詩人在代他人立言。但對絕大多數的抒情詩來說，詩中的抒情主人公都有自己的投影，有的則等同于作者自己。〈一朵青蓮〉，便屬這種情況。

不過，如果要從〈一朵青蓮〉中找「我」字，是找不到的。全詩從頭至尾只見物不見人。然而這裡的物，正是詩人自我的生動寫照。蓉子當時並沒有生活在世外桃源。那裡有「潮濕」，有「泥濘」，可她並不和那些市儈小人同流合污，她追求的是至美的人生：可供人觀賞的「本體」，可為人傳誦的「芬美」，還有那月色朦朧，具有「星沉荷池的古典」美的境界。可她這種不隨波逐流的態度不為人們所理解，只好獨自一人在「沉寒的星光」下思吟。「青蓮」並不因此而怨嘆，也不乞求于他人，只滿足於做「一朵靜觀天宇而不事喧嚷的蓮」。對現實中的蓉子來說，就是不去參加詩壇上喧嚷的無休無止的論戰，默默地寫自己的詩，完成人格的自我塑造。在塑造過程中，難免要流汗流血，付出代價，有如「荷蓋上承滿了水珠」，但她「從不哭泣」，不向命運低頭，「仍舊有蓊鬱的青翠，仍舊有妍婉的紅焰」。這便將蓉子自己——也是一切外柔內剛、內軟外韌的生命力表達無遺。

不過，如果只將此詩僅僅看作是作者人格的自我寫照，未免縮小了〈一朵青蓮〉的社會意義在於作者對整個人類寄予期望，希望大家都來做超越「潮濕」，超越「泥濘」而「如此馨美」的

青蓮，都能像她那樣「從澹澹的寒波」中「擎起」，結句正是全詩境界的升華。

　　這首詩的形式屬純自由體。每節四行，句子有長有短，其中有些分句不用標點而用空格，有助於表達「獨自思吟」的思緒。在時序上，由夜間「沉寒的星光」寫起，然後轉入白天「影中有形，水中有影」的躍動畫面，最後寫到夕陽西下，「紫色向晚」。這種不斷轉換視角、移步換形的寫法，使青蓮呈現出一種動態之美。如果沒有畫家的本領，作者就很難達到這種繪形繪神的藝術效果。

溫泉小鎮

——記四重溪

那兒並無風景　無繽紛的林木
亦無城市的喧鬧和耀眼的霓虹
只有白色蒸氣的氤氳終年瀰漫
是小鎮居民唯一的財富。

一些小雞雛　一些孩童
孩子們在溫泉邊迅快地長大
老人們在長年的氤氳中銀髻似雪

鎮上唯一的大街通往山的起頭
偶有過客從街心走過
他（她）們便一齊睜大眼睛凝望
任如何狡黠的陌生人也無法從他們眼中隱藏！

我忽想在此住下　變成他們中間的一員
脫盡了臺北的繁華和激揚
選一個南方清新的小鎮住下

像單純的居民一樣質樸
我祇要有那淡泊的雲天和一襲時間寬大的衣袍

我便有了足夠的安適和富饒

1969年3月「青副」

【賞析】　四重溪位於臺灣屏東縣內，這裡有溫泉名勝。60年代末，蓉子曾去遊覽，寫下此詩。

離屏東市不遠的地方竟有如此幽靜美好的地方，與臺北大都市的喧囂和耀眼的霓虹正好形成鮮明的反差。作者所看中的並不是那裡有優美風景和繽紛的林木，而是人際關係的和諧和感情的淳樸。「孩子們在溫泉邊迅快地長大」，不用擔心有黑社會勢力的滲入；「老年們在長年的氤氳中銀鬚似雪」，無憂無慮地過著如閑雲野鶴的生活，這簡直是一個和平寧靜的神話世界。難怪詩人忽生奇想「在此住下，變成他們中間的一員」。

小鎮環境較之都市的喧囂紛擾、明爭暗鬥，當然事簡人靜，剛從侷促於都市的狹小空間中走來的詩人，自然會敏銳地感受到小鎮生活的清閑舒適。「我只要有那淡泊的雲天和一襲時間寬大的衣袍／我便有了足夠的安適和富饒」，這是全詩的畫龍點睛之筆，表明了作者與世俗之輩不同的價值觀與人生觀。

此詩原發表於1969年3月的《青年戰士報》上，後收入1974年由三民書局出版的《橫笛與豎琴的晌午》詩集中。作者此時的詩風，已不同於《青鳥》時代的少女，顯得更加圓潤與成熟。乍看起來，《溫泉小鎮》寫得質樸無華，其實是「平淡處當自絢爛中來」。這裡講的平淡，不等於平庸、淺近、淡薄，而是語淡、意深、味長，即語言一看就懂，但內蘊深厚。如此詩對都市環境、生存狀況的批判，是通過對世外桃源生活的嚮往體現出來的，與羅門的《20世紀生存空間的調整》、《都市之死》視角不同，處理方法不同，讀者不妨找來對照著讀。

到南方澳去

到南方澳去
看陽光的金羽翱翔在碧波上
有活潑的銀鱗深藏在水中央⋯⋯

到南方澳去
穿過原野耀目的水彩畫
經過半睡眠的山崗
去探初醒的海洋
去訪鯖魚與鰹魚族的家！

到南方澳去
到漁船兒蝟集的港
那紅色的黃色的綠色的漁舟啊
小巧的腰身　小小的樓（註）
小小的希望　小小的歡笑。

藍的天　白的雲　鹹味的空氣和海
波濤是風的足跡
老漁人的臉是歲月的雕塑　在深青色的海上
勤勞　流汗　向養育他們的大海索取食糧
——那永不枯竭的海的寶藏！

註：在南方澳的漁船。多有小小的層樓。

1967年9月《新生報》

【賞析】 南方澳的生活天地廣闊自由，那裡的空氣自然清新，那裡的景物與眾不同。這對多年生活在鬧市之區的人，有巨大的誘惑力。

蓉子這首詩，抒寫了城市人對南方澳的一種特殊感受。那裡的半睡眠的山岡，那裏帶有鹹味的空氣和海，使人感到幽靜清新，正是擺脫人世紛擾的好去處。

它像是一首廣告詩，為城裡人到南方澳旅遊作宣傳；它像是一首風景詩，把南方澳美好的景色盡收眼底；它像是一幅水彩畫，把翱翔在碧波上的陽光的金羽描繪得光彩奪目；它又像一座雕塑，把老漁人飽經風霜的臉刻劃得栩栩如生……

最後一段由景寫到人，歌頌了長年在漂浮的土地上辛勤耕耘的漁民，使這首呼喚人們從大自然的醇美淨化自己的心靈的詩篇，提升到一個新的境界。

阿里山有鳥鳴

阿里山有鳥鳴　鳥鳴深山裏
飛來從乳紅色的晨霧裏
飛進那片濃密似永恒的蒼翠

鳥引頸長鳴　歌嘹亮清冽
劃破林子迷人的霧靄
就像一道閃電

原始的森林瀰漫著不可觸知的神秘
葉蔭如深水綿密　我們置身其間
如從湖底仰看那難以企及的翠宇

古木巨幹　遮掩了如畫的藍天
這兒巨人族的長老們子孫繁衍
居處佈滿了整座岡嶺

扁柏的弟兄　紅檜的姊妹　松杉的宗親
具享彭祖的高齡　百歲而死猶算夭折
人類的古稀還似它們的童稚

不停地它們長高長大　立腳豐實的大地
枝幹挺直茁壯　遠超出我們的仰望

不因年邁而減其眉鬚蒼翠

時光在那兒緩慢下來幾至停滯
松樹靜立著看風景　千年就如我們的一天
因為它們安土重遷　從不流浪　永無鄉愁

看濃蔭織密了它們的空防
昨夜流亡的星辰無隙進入它們的領地
今早火熱的太陽也祇能在樹梢上徘徊

雲嵐湧動　氣象萬千
春來時泉水歌唱　蜂蝶飛舞
四重與吉野櫻滿山滿谷（註）

人們跋涉長途　攀百丈崎嶇
為探山和森林的秘密　而嵐迷津渡
終無法看清彼等真容

櫻花凋落於楚楚的瞬息
鳥在有限的空間飛鳴　唯松柏傲立
一切聲音都在林間寂默　形成那不能觸知的奧秘

註：四重櫻，吉野櫻皆阿里山盛開的櫻花品名。

【賞析】　阿里山彌漫著不可觸知的神秘，那裡值得寫的東西實
在太多。可作者別的都不寫，先寫來自乳紅色的晨霧裡的鳥。這

鳥引頸長鳴，歌聲嘹亮清冽，一下子就將讀者迷住了。

　　接著作者寫不停地長高長大原始森林，贊美它們「立腳豐實的大地／枝幹挺直茁壯」。這裡用擬人化的寫法，暗含了歌頌「不因年邁而減其眉鬚蒼翠」的前行代。下面寫安土重遷，「從不流浪／永無鄉愁」的松樹，既保留了松樹靜立地看風景的形象和特點，又融入了自己因流落異鄉而產生的鄉愁。在經歷艱難的人生途程後，作者在欽羨古木具享彭祖的高齡的同時，頌揚傲立的松柏，驚喜與愛戀之情，自然難以言喻。作品最後在「一切聲音都在林間寂默／形成那不能觸知的奧秘」中結束，更給讀者無限聯想的餘地。

　　這首詩，不失為寫臺灣美麗風光的好詩。

傘

鳥翅初撲
幅幅相連　以蝠蝠弧形的雙翼
連成一個無懈可擊的圓

一把綠色小傘是一頂荷蓋
紅色朝暾　黑色晚雲
各種顏色的傘是載花的樹
而且能夠行走⋯⋯

一柄頂天
頂著艷陽　頂著雨
頂著單純兒歌的透明音符
自在自適的小小世界

一傘在握　開闔自如
闔則為竿為杖　開則為花為亭
亭中藏著一個寧靜的我。

1976年2月23日「聯副」

【賞析】　臺灣的亞熱帶氣候，造成雨多傘多，詩人以此為題材
的詩作亦不少。羅門有「傘」，瘂弦有「傘」，余光中有「六把

雨傘」，蓉子也有與衆不同的「傘」。這不同之處在於蓉子創造了一個「開闔自如」的藝術世界。在那個「自在自適的小小世界」中，我們看到了一個寧靜的、不湊熱鬧、不趕時髦的詩人自我。

蓉子生活在一個三代基督教徒的家庭裡。她從小受父母親的影響，不喜大轟大鬧而偏愛安適寧靜的環境，欣賞「單純兒歌的透明音符」，希望大千世界都能像「綠色小傘」那些充滿希望，富有詩情畫意的美。她自己寫詩，從不輕易參加詩壇論爭。那怕別人吵翻了天，她仍然是「頂著艷陽，頂著雨」走自己的路。讀了這首物我合一的詩，使我們更相信「詩品出於人品」這句古話。

這首精緻的短詩的藝術魅力首先來自比喻的準確和生動。以蝙蝠的弧形狀雨傘的半圓，不僅形似，而且神似，大家知道，太陽出來時雨傘被主人收藏在門角落，蝙蝠在白晝則躲在屋檐內；雨傘收篷時成倒掛狀，蝙蝠斂翼也倒掛著；雨傘撐開網篷與蝙蝠展開蹼翼更是如出一轍，故以蝙蝠比喻雨傘，是最貼切不過的了。其它以「一頂荷蓋」比喻「一把綠色小傘」以載花的樹喻充滿羅曼蒂克情調的情人用的花雨傘，也顯得異常新鮮，充滿了生活的情趣美。其次，詩人以動寫靜，在雨中行走的動的世界中刻劃「寧靜的我」，寫得很有技巧。「頂著單純兒歌的透明音符／自在自適的小小世界」，本是作者追求的理想境界，但由於是隨意揮灑，毫不著力，不露痕迹，故使人不覺其巧。再次，此詩和作者其它抒情詩一樣，寫得簡潔、明淨而完整，沒有畫蛇添足的筆墨。詩中的抒發的情感與渲染的氣氛，流露出女性的莊重與尊嚴，表現出一種獨立支撐不依附他人的人生態度，很值得我們仔細玩味。

雖說傘是一庭花樹

雖說傘是一庭花樹
開放在充足的雨水和陽光中
傘也是一匠心獨具的美好結構

每一把傘都有其基形
當傘骨與傘骨把臂相扣
沿著弧形的路徑
一齊向中心密集　形成張力和均衡
撐開了傘的形態和功能

為圓的整體　美的輻射
它宜晴宜雨　閃漾著金片或銀線的光
滿月般令人激賞！

1976年6月2日

【賞析】　在炎熱的夏天，在秋雨綿綿的日子；在趕路的途中，在下班的時刻，蓉子均不忘帶上一把「閃漾著金片或銀線的光」的雨傘。正因為傘老是陪伴著她，蓉子對它有深厚的感情，所以才會產生「一庭花樹」這樣奇妙的比喻。

這個比喻是全詩的點睛之筆，它之所以能成立，一是因為女人的傘面多為五彩繽紛的綢布做成；二是因為傘「宜晴宜雨」，這樣將其說成是「開放在充足的雨水和陽光中」，便順理成章，

完全合乎藝術的邏輯。

　　第二段寫得較實，詩意似嫌不足。但你只要將其和第三段連起來讀，便不能不讚嘆作者對傘的獨特評價：「為圓的整體／美的幅射」。作者將司空見慣的傘寫得這樣溢光流彩，眞是「滿月般令人激賞」！

《傘的變奏》

——又名傘的魔術

那傘的魔術師　正如傘
圓通自舞　變化莫測　無中生有

傘如蕈狀雲般迴旋過來　從他雙手
一方遮眼的綢布後面
紫菊與大理花　單瓣的芍藥和紅水蓮
一朵又一朵開放……

怎樣製作？　如何變化？
未見一針一線　確是高明的手藝
叫人難以預期！

詩人有時也像魔術師
能令陳舊的事物脫胎換骨
呈現新貌　叫絕對相反的花式
在一頂傘上同時具現

使各色飄揚的絲巾　聯綴成同樣幅度
剎那間全凝附在同一傘骨上
總合成多彩的傘面

他處理手中材料　像無所不能的神
每一柄傘的出現都帶來驚喜！

1976年6月2日

【賞析】　到超級市場去挑選雨傘，人們會感到眼花撩亂，美不勝收。僅以傘面而論，有的是紫菊與大理花的圖案，有的卻是單瓣的芍藥和紅水蓮，「一朵又一朵開放」……

　　傘的製作者這種圓通自舞、變化莫測的技巧，不禁使作者產生職業上的聯想：「詩人有時也像魔術師／能令陳舊的事物脫胎換骨」。僅以傘這種平凡的生活用具為例，蓉子一會兒在〈傘〉中將其寫成無懈可擊的圓，給人一種悠然自得的感覺；一會兒在〈傘之逸〉中，以傘隱喻人生，表現出人與人之間同舟共濟的愛；一會兒又在〈傘的變奏〉中，抒寫自己愛傘與愛詩的痴情。總之，蓉子每一首寫傘的詩都給讀者帶來不同的驚喜。正是在這種圓通自舞、常寫常新的意義上，我們也可說蓉子是「傘的魔術師」。

復　活

妳如花：
如依傍身邊的小陽傘
翕合了又張開；
如遠天的彩霞
蒼白了又紅潤；
如銀鈴
沉默了又響亮。
啊、這是生命，不朽的
復活的生命！

1955年冬

【賞析】　比喻，是蓉子詩歌經常運用的一種藝術手法。蓉子常常把自己的強烈愛憎與形象的描繪緊密結合在一起，借以強化作品的藝術力量。具體說來，〈復活〉是借翕合了又張開的小陽傘、蒼白了又紅潤的彩霞、沉默了又響亮的銀鈴比喻復活的生命，把作者對再生的生命喜悅、激動的心情表現得淋漓盡致。

在四個比喻（還有開頭一句「如花」）中，「依傍身邊的小陽傘」最具藝術個性。從「陽傘」的限制詞「小」中，我們猜想這個復活的生命是幼小的生命，而不是指老年人病危窒息後又復活的生命。這用多種比喻去表現生命不朽的主題，西洋文論中叫「莎士比亞式的比喻」，中國文論中則叫博喻。

卷　五

五　卷

時間的旋律

在時間中有一種節奏
在時間中有一種旋律
——它會重複地出現
太陽升起　太陽落下
冬天走過　春天又來……

「已有的事　後必再有
已行的事　後必再行
日光之下並無新事」
啊　數千年前的哲人（註）
便曾如此說過。

註：指紀元前九五五年，即以色列王位的所羅門王。根據舊約聖經記載，當所羅
　　門王即位之初，上帝在夢中向他顯現，問他說：「告訴我，你要我賜給你甚
　　麼？」當時年輕的王既不向上天求財富，又不為自己求長壽，也不求將敵人
　　置於死地；只敬虔地求上帝給他智慧，能夠判斷民情、辨別是非。為此上帝
　　不但賜給所羅門王空前的大智慧，同時也給了他無比的尊榮富貴；使他的王
　　朝盛極一時，聲名遠播，在位前後歷四十年。

1984年6月8日「商工日報」

【賞析】　讀這首內涵無限豐富的哲理詩，很難想像它是出於一
位女詩人之手。其實，女詩人並非只配咏嘆青春和愛情，也可以
作深邃的思考。

　　此詩所講的「時間的旋律」，是指「已有的事／後必再有」，「已行的事／後必再行」，有如太陽的升起落下，冬天走過春天又來。可有人就是弄不懂這簡單不過的道理，以爲革命可以一次成功，建設可以一蹴而就，讀了大學就無須再學習。當然，以前有的事以後再有並不是量的重復，而是質的提升。這個意思詩中沒有明寫，聰敏的讀者不難從中體會出來。

　　此詩寫得極富節奏感，有些句式反復出現，正好和「時間的旋律」這一標題相適應。比喻的運用，也增加了此詩的理趣。詩中引用《舊約聖經》中所羅門王的故事，使這首探索人生哲理的詩打上了濃厚宗教意識的烙印。

一種季節的推移

初起──
我只知輕快地嬉戲　濯我
素淨的雙足　於
時間清淺的池沼
與池魚游
和翠鳥歌　而
遠山更幽。

待轉身　水已汩汩
在鐘聲與蘆荻中　成為
曲折壯美的江河
涉江而渡　水漸升自踝及膝
已預知年光有漸增的重量
卻不曾經心──
當你是那振翩的鵠！

懷著遠行的意願渡大海
夢就緊隨著
鷗鳥的銀翼旋飛
忍將僅有的親情拋丟
久久也不能回眸──
水已漫過了腰線以上太多　苦矣

那江清海晏　風雨依舊不停……

　　　　　　　　1982年5月《中外文學》

【賞析】　《這一站不到神話》，共有七首詩以時間爲題材。詩人所以不厭其煩地寫時間，是因爲她認爲：「這人世間的各種變化，無不因時間而起，大則國家興衰，小則個人生死，無不與時間有關聯。」

　　把時光的感嘆通過季節的推移表現出來，是這首詩的獨特之處。

　　由時光的易逝聯想到人生的短暫，古今中外的詩人不知寫過多少。蓉子與他人的不同之處，在於將青春年華寫得非常動人：那時無憂無慮，只知「輕快地嬉戲」，與池魚同游，與翠鳥同歡，那是多麼值得留戀的年華啊。第二段寫「清淺的池沼」變成「曲折壯美的江河」，時光漸增的重量的明證。惜乎當年不會珍惜大好年華，沒留意到時間「是那振翮的鵠」竟一去不復返！

　　第三段意識到自己已過人生之秋──「水已漫過腰線以上太多」，剩下的只是「風雨依舊不停」，不免傷感起來。但只是一種輕輕的惋惜和淡淡的惆悵，這正好和前面的輕快調子形成鮮明的對照。

　　有人把這首詩解釋爲愛情詩，把「振翮的鵠」當作愛人離開的象徵（見桂漢標等：《臺灣女詩人愛情詩賞析》，廣東高教出版社1991年收），是不對的。作者寫的仍是人世間生活變遷所引起的思想情感的變化，別無其他寓意。

歲月流水

倘時光奔騰湍急似流水
眾生是偶然停留其上的塵和蟻
宛若碎浪晃蕩了一陣子後
便隨逝水遠去……

潮漲潮落
海水大口吞噬歲月
常人每倦於日子單調
只有當驚濤拍岸時方驚心

時間緩緩地吹醒一朵玫瑰的甜美
復若無其事地將它委棄在塵泥
那馳騁在戰場上的常勝將軍突然倒下
流水與沙石遞變………

一些贏得我們衷心崇敬的人
曾經如燈火照耀他們的時代
然後又一盞盞熄滅　代之以新的點燃
世界似未曾改變

1986年6月30日《世界中國詩刊》

【賞析】　起句平平，無任何特色。次句卻不同一般，這是基督

教徒看人生才會有的比喻和感受，下面四句，着力寫時光不可扭轉，然而從單調的日子挑出驚濤拍岸的時刻，形成一種對比。後面寫常勝將軍也無法萬壽無疆，如燈火般照耀過時代的人亦無法長生不老。在時間面前，人人平等，暗示人們只有珍惜時光，才能使自己的青春年華像玫瑰花那樣甜美，而不至於過早凋謝，「委棄在塵泥」。

　　流水般逝去的歲月，沖掉了作者「青鳥」時期的青春神話，減弱了「維納麗沙」那時訴諸內心世界的孤獨和省思。像此詩最後一段字的偉人逝去，地球仍照樣轉的觀點，表現了作者過去沒有過的冷眼看世界的思想。

時　間

恒變才是那不變　如今已波濤萬頃
它激濺奔騰非自今日始
——從我出生時便如此　奈何
直到昨天　我才怵目驚心

年幼時　不懂時間為何物
不悉其顏色　未知其價值
當一卷人生的卷軸緩緩展開時
我的年光也隨著它刻刻短少了

人會長大　花會枯萎
在艱苦成長中的感覺很長
一旦歡悅綻放的時刻卻很短
啊，在變幻的天空那次第消逝的雲朵

曾經一切都在眼前　伸手可及
故鄉和童年並馳在綠蔭的夢裏
時間如潮水洶湧
奪去我親情和不解事的年少

日腳從粗糲中走過
一葉飄離故土　半生動盪憂愁

縱然誠心地呼喚　有一些甚麼
再也喚不回了！

就這樣晨昏日夕　勞苦煩憂
吶喊是一聲鑼　沉鬱是一聲鼓
我祖國的長江大河啊　入耳
一聲聲都是苦難的歎息和哀訴

年代轟然逝去　那一把星光
將才與相才　屬於本世紀初的
世界級巨星　已一顆顆順序
隕落⋯⋯

只有他一人　依然
健碩　從不疲倦和失望
也從不稍緩他的腳程　在和人類
億萬米的長跑賽中　永遠金牌在握

　　　　　　　1984年8月20日「中央日報」

【賞析】　這是作者成長過程心靈的記錄。它的橫切面的空間是伸手可及的故鄉（和童年並馳在綠蔭的夢裡）。它的縱向是時間，包括感覺很長的艱苦成長中的歲月和感覺很短的歡悅綻放的時刻。在詩的開頭和結尾，詩人用「我」的「怵目驚心」對比「他」「從不疲倦和失望」。「他」的敘述雖然短到只有一段，甚至連「他」的身份作者均沒有明說，但這些均不重要，重要的是人們不

能老感嘆時間一去不復返，而應像「他」那樣振作起來，和時間賽跑，且充滿信心，「永遠金牌在握」。

　　「人會長大／花會枯萎」，時間不可挽留。另方面，人又可駕馭時間，做時間的主人。在兩者難以兼顧的情況下，詩人肯定了不稍緩腳程的跋涉精神。雖無豪言壯語，卻表現了作者的生活理想和美學追求。

時間列車

當時間列車以全速行進　除了孩童
每一位成人都駭異於它的快速

時間是上天分配給人們的特定旅途
我曾沿著它走過小小歡悅
同樣也走過坎坷

列車迅快飛逝
伴著冷冷鋼鐵滾動的音律
周遭景物以及它們的影子重疊廻旋
時時變換其組合和形貌

如果時間也有冬天
逝水也會結冰
整個宇宙：花鳥　月亮　星辰……
都突然停住　靜止於一點
如一座龐大透明的水晶球

我們便能更清楚地透視這世界
甚至也包括了自己
但時間不息流轉　於匆遽一瞥間
昨天的我和今天的我便交臂而過

而今天也迅速躍過日子的柵欄遠走

時間驟變　無有恒性
倘我離開片刻　轉身回來
草木皆無情
所有景物都改變了原先的臉容

對此人間
從來　我們只具有限的租賃權
租期一到　一切都得交還
好讓出空間給後來者
——那最高權威所規定的法則

因緣際會　或早或晚
吾人都得趕上一班時間的列車前去

公平無私是時間老人至善的美德
不為帝王的權威而多予一分
不因貧苦老弱而少給一秒

當列車這樣轟隆轟隆地前去
時間的枯葉已經堆積成災
——縱他金剛無恙
你又怎能毫髮無傷？

愈來我們愈感到流水湍急
而僅能走在這段被約定的時間裏
快樂或憂愁　忍受或享受
前有不盡的古人　後有不斷的來者
卻無人能走離這嚴密的時間軌道

1986年1月

【賞析】　時間的概念比較抽象，當它和「列車」聯繫在一起時，就變爲感性的了。「列車迅快飛逝／伴著冷冷鋼鐵滾動的音律」，這裡實寫的是列車行進，虛寫的是光陰易逝。作者當時常坐火車來去臺北臺中之間，坐多了便不自覺地選擇火車作爲時間的意象。

　　作者連續以時間爲題材做詩，寫多了難免重復。但這首詩仍能給人以新意，仍能比較藝術地傳達出對時間老人公平無私的至善美德的評價，這是難能可貴的。

當眾生走過

大地褐觀音般躺著
只有遠天透露出朦朧的光

風是琴弦
沙痕是誰人走過的腳印無數？

聽，突然間琴音變奏
你熟稔的痕轍已換
於是風又轉調　同樣地
將前代的履痕都抹掉
——當眾生走過

1982年6月

【賞析】　對人生的咏嘆是詩歌創作中的傳統母題。天邊露出曙光容易使人聯想到生命的美好。沙灘上的串串腳印也容易使人觸景生情，深深地感觸和反思人生之旅的匆忙和缺憾，從而激起「難解其中味」等各種不同的感興。因此，正值人生之秋的蓉子也很自然地選擇了大地、曙光作爲思索人生之謎的引子。所不同的是，蓉子在表現思索人生這一傳統母題時，打上了自己鮮明的個性烙印。她是個教徒，年輕時當過基督教唱詩班的風琴手，這首詩用觀音比大地，最後又用「眾生」這一專有名詞，便顯現了作者思考人生時的特有佛教悲天憫人的情懷。

　　需要說明的是，這情懷並不是不食人間烟火，而是積極的、入世的。有風才有沙痕，人的生活道路不可能離開時代的制約；隨著「琴音變奏」，人的生活道路不可能不發生變化；隨著「風又轉調」即時代的變遷，後代人不可能再重複前輩人的足跡，必然在繼承的基礎上有所超越——「將前代的履痕都抹掉」。歷史正是在後浪推前浪中前進。而「眾生」，正是歷史的主人或見證人。沒有「眾生」組成的人民，就不可能推動歷史車輛滾滾向前。

　　此詩的成功在於詩人借助於一連串的明喻（將大地比成觀音）、暗喻（風比成琴弦、沙痕比作人跡），以知性的分析，從變幻流逝的人生中尋求歷史的答案。比起蓉子的其它詩作來，此詩雖然有跳躍性，但畢竟不強；雖然寫了音變奏、風轉調，但詩的秩序並不混亂。正是這種一個比喻連接一個比喻、前幾個比喻合成後面一個複雜的比喻的方法，形成了此詩冷峭與活潑的旋律，使詩行顯得凝煉、概括性強。最後要指出的是，此詩的題目受了鄭愁予的「當西風走過」的影響。蓉子曾說到過她十分喜歡鄭愁予這首詩，以致此詩的句型成了她不少詩作的句型，如「每當風聲走過」、「我從季節走過」以及此詩的「當眾生走過」等。但這不過是句型的襲用，而內容則完全是屬於蓉子自己的。

祝　福

——給獅城文友以及他們所關懷的華文文藝的前途

像一場盛宴散了
像一場驟雨熄了
——離情未斂。

風過後　波紋一圈圈擴散
花放後　種籽深埋在泥土
啊，祝福是滿溢的
因為友情無限……

就把記憶掛在兩旁豐盈的雨樹上
笑鬧的陽光中記得
微涼的雨中也記得　而且
燈籠般亮起了
每一黃昏後。

果真我記得：
記得很多具體的事物
舞蹈與團扇
風箏遇小雨
記得很多抽象的情愫

晚風中的吟唱
以及一盞盞五月繆斯的笑臉

咳，月落大地牛車水
一份古老的悠遠的情愁
要等春雨將睡眠的種籽叫醒
——那滋潤的春雨。
因為少年繆斯的情懷濃了
餘音繞梁不斷……

白髮蕭蕭時　倘你再回來
這裏必已輝煌成萬花綻放的林園了。

1983年3月26日《中華日報》

【賞析】　1983年初，蓉子應邀到新加坡參加既緊張又熱烈的第一屆「國際華文文藝營」的活動。詩中用倒敘手法寫這次「盛宴」中許多難忘的人和事，並祝賀新華文藝一天天走向繁榮昌盛，「輝煌成萬花綻放的林園」。

　　古詩常常強調用典，以使作品精煉。新詩很少用典，但偶爾用之，亦可使作品生色。像第二句「驟雨熄了」，是因為這次文藝營活動被報界譽為「八方風雨滙星洲」。後面寫的「因為少年繆斯的情懷濃了」，係指三位因白天找不到空隙而夜訪作者的青少年文學愛好者，以及這次華文文藝營所留下的無形的影響。這裡用的均不是辭典。就是作者不在詩末注出這些來歷，也不妨礙讀者理解此詩的內容。

　　此詩有不少佳句。像「就把記憶掛在兩旁豐盈的雨樹上」，其實是寫新加坡馬路旁種植的高大茂密的雨樹，所形成一片怡人的蔥翠給作者留下了難忘的印象。可作者不這樣直寫，而反過來說把記憶掛在樹上。乍看起來，邏輯欠通。可從藝術思維角度看，從詩人捕捉形象到創造意境時所用的想象、比擬看，這樣寫顯得更有韻味。正如宋人嚴羽在《滄浪詩話》中所說：「詩有別趣，非關理也。」

　　通篇的詩情都是通過「記憶」展開的，無論是笑鬧的陽光，還是微涼的雨中；無論是舞蹈與團扇，還是風箏遇小雨，均使當時的場面活靈活現，宛如目見。最後點出祝福的題旨，擴大了詩的思想容量，且正好和前面寫的「花放後／種籽深埋在泥土」相呼應。

礁　石

我和我的兄弟攜手同立在此
伸我們的腳在海水柔軟的地毯
我真喜歡上天賜予我的這藍色地毯
它使我冷硬的足得到休息和滋澤
而我頭上是遼闊的遼闊的天空
那些雲的動物群一刻也不肯停留
（真不悉奔跑為何？）

在我前方是多麼深遠的世界
山隨平野
江入大荒
那夢幻的遠方啊！
（但願我有一雙鳥的翅膀。）

原載1983年11月27日《藍星詩頁》

【賞析】　寫礁石，可以有多種不同的角度，如可將其作為陰險事物的象徵，去寫其與滿載貨物的航船為敵。也可像大陸詩人艾青那樣，把礁石寫成堅強的正義化身：任憑風吹浪打，仍然屹立在那裡，「含著微笑，看著海洋」。

蓉子寫礁石，沒模仿別人而獨樹一幟，將礁石處理為休閑者的形象，給人煥然一新之感。

　　開頭一句寫礁石群有如弟兄般和睦相處。次句用婉約的筆調
寫礁石生長環境的美好，那柔軟如地毯的海水可使「冷硬的足得
到休息和滋澤。」後面兩句用雲的不肯停留反襯礁石悠然自得的
生活。

　　這裡與其說是寫礁石，不如說是夫子自道。蓉子天天爲生活
奔波：不停地工作，不停地料理家務，她多麼希望自己能像礁石
那樣頭上擁有遼闊的天空，腳下擁有海水般柔軟的地毯，停駐在
那裡得到休息和滋潤。但作者並不想就此止步不前。她只不過是
把礁石當作休閑之地。休憩之後，她的生命小舟還要遠航，馳向
那夢幻的遠方……

鄉　愁

鄉愁永不會衰老
雖然我離家已久

鄉愁和遠遊一起延伸
分離令懷念更長

啊，鄉愁就是童年是記憶也是歷史

1981年6月23日《聯合報》

【賞析】　鄉愁不僅是中國意識和民族意識的表現，也是對中國民族傳統文化的重認與肯定。

離家愈久的人，對鄉愁更有深切的體會。所謂「永不會衰老」，這個擬人化的比喻，凝聚了作者多少思念之情！蓉子生於江蘇，從年輕時就來到臺北。「鄉愁和遠遊一起延伸／分離令懷念更長」，這短短的兩句概括了許多離鄉背井的遊子的身世之感和家國之思。

最後用「童年」和「記憶」將鄉愁的內涵具體化，不僅自然貼切，而且與開頭寫的「衰老」形成對照和回應。此詩每段都是警句，叫人過目難忘。

黃　昏

——老吾老以及人之老

暮靄如煙　在他們眼中
有蒼茫的霧色　澎湃奔流的海水
已不再流經這一角隅……

倘若此刻的您正擁有健康、財富與
如日中天的事業　他們也曾經有過；
他們比我們攀登過更高的山
他們比我們走過更長更遠的路
——每一張佈滿風霜的臉　都是
一部感人的故事書
鐫刻下他們歲月中的悲歡。

當時序進入了冬季　也許他們所要的
只是一個白雪爐火的晚上
一位傾聽他們細訴回憶的同伴
一雙伸向他們的愛的手　攙扶他們
散步在平靜的落日大道上　當夕陽
回歸山谷之前　我們仍得見
那美好壯麗的晚景！

1985年3月19日《聯合報》

【賞析】　1985年，《聯合報》、《聯合文學》聯合舉辦了「暖春之旅」，蓉子參加了這項社會活動，分別訪問了育幼院和敬老所，回來後寫了《清晨》、《黃昏》這兩首分別象徵生命的兩極——幼童和老人的生命形態的詩作。

　　人都有過年輕的時候，那時「擁有健康、財富與如日中天的事業」。到後來，尤其是年邁的時候，健康可能被多病所替代，「如日中天的事業」不終結也將變成夕陽西下，日暮途窮。這時老人喜歡敘舊，喜歡回憶童年的往事，懷念他們曾擁有的一切。如果我們不嫌他們嘮叨，不嫌他們失去工作能力，便應向他們伸出一雙援助的手，「攙扶他們／散步在平靜的落日大道上。」這裡描繪的一幅情調近乎淒冷的圖畫，使我們一讀之下，難免產生同情之心。一個瘦弱的老人形象，非常強烈地敲打著我們的心扉。就憑著這樣一個形象，我們自然而然地會對他們關懷備致，為他們的生活操心，以使他們晚年幸福、健康長壽。

　　此詩的人道主義思想，是通過嫻熟的藝術技巧表現出來的。像「白雪爐火的晚上」，用了白色和紅色的對比，畫面真美。開頭一句「暮靄如烟」，定下了全詩的基調，使人一開始就有黃昏之嘆。以「壯麗的晚景」作結，調子變得昂揚起來。詩人對生活沒有失去信心，都在夕陽回歸山谷之前的景色中充分體現出來了，不愧為有「鳳頭」亦有「豹尾」的佳作。

卷　六

非詩的禮讚

一

當我們走過煙雲
才知道山水無垠；
當我們踏響山河之美
自己也成為其中美麗的一點。

二

仰首插壁的雲天
在剪紙飛翔的燕子口，
啊，曾經為它們而歌
驚嘆那兒的神秀。

三

一條路蜿蜒在峻嶺高山，
一片美景展開在路中間，
——曾經為他們而歌
我歌那鬼斧神工的手！

四

林木真美　清歌宛轉
連最好的詩人也比不上它們的丰姿。
四時鮮果從荊棘中長出
荒山野叢從此變成了伊甸園！

註：上月參加行政院新聞局邀組的「作家經建訪問團」，與一干文友，先赴花蓮，
　　參觀輔導會大理石工廠，次日穿越中部橫貫公路，曾在燕子口停留，並訪問
　　位於梨山山頂的福壽山農場。一路上飽飫風景人情之美，以及榮民弟兄們胼
　　手胝足參與國家經濟建設的貢獻，衷心感佩不已。
　　歸來後，謹以「非詩的禮讚」一束，作爲我粗淺的獻禮。
　　　　　　　　　　　　　　　1982年11月18日「仕女雜誌」

【賞析】　1982年10月，作者隨「行政院新聞局」邀組的「作
家經建訪問團」，赴花蓮參觀大理石工廠，後又穿越臺灣中部橫
貫公路，在燕子口停留，並訪問在梨山山頂上的福壽山農場。此
首詩係參觀後所作，它禮贊了沿途的風景人情之美，以及榮民弟
兄將荒山野叢開闢成栽有四時鮮果的「伊甸園」的貢獻。
　　這不是一般的應景之作，而是包含着作者對祖國大好河山的
熱愛之情。首句「當我們走過烟雲」，曾有人認爲「穿過」、「
踏過」比「走過」準確。其實前者太實，遠沒有後者空靈。「走」
的內涵比「穿」、「踏」更寬，這正好與下面的「山水無垠」相
配搭。第三句似乎更「不通」，「山河」是群體而非個體概念，
如何能「踏響」？可這句妙就妙在「踏響」二字，它使人如聞作
者的腳步聲，比通常寫的「領略山河之美」更具動態感。詩人本
不是用照像機複製現實，而是用想像能動地反映生活。唯其用「
走過」和「踏響」，蓉子才能將烟雲霧雨形諸筆墨，峻嶺高山盡

收眼底,將燕子口的無限風光一覽無餘。

　　作者自謙這一「禮贊」是「非詩」的,可我們將「踏響山河之美」和下一句「自己也成爲其中美麗的一點」聯繫起來讀,就會感到這種贊美不僅是詩的,且是畫的,眞可謂是詩中有畫。任何畫家,都可以根據這兩句詩,繪成「萬綠叢中一點紅」的畫面。

　　最後一段從宛轉的清歌寫到眞美的林木,再寫到從荊棘中長出的「四時鮮果」,其中雖沒出現農場職工的身影,但果園工人的形像和榮民弟兄對建設臺灣寶島的貢獻,已在讀者心中屹立起來!

蟲的世界

——蚱蜢的畫像

我在夏的枝頭獨坐
高高地蹺起我的腿　亦
南面王一個。

這刻是盛夏　而
我底王國極其繁昌
真不願用我豐盈的綠色世界
去和人類污染了的世界交換！

他們——
常常要吃煤煙的廢氣　和
同類的悶氣；
我卻享有晶瑩的仙露
常和芬芳愉快的花朵為伴

1983年1月25日「秋水詩刊」

【賞析】　這是一首環保詩。但作者沒直接寫環境污染對人類的危害，而通過為蚱蜢畫像去表現這一題旨，在構思上可謂獨具匠心。

既然是「畫像」，故開頭便寫蚱蜢高高蹺起長腿的坐姿。這

種人格化的寫法，既把蚱蜢的雄姿寫得充滿生機和靈趣，又活畫出它在「豐盈的綠色世界」中活得悠然自得的神態。

蚱蜢自稱為「南面王」，這有它的資本：「享有晶瑩的仙露／常和芬芳愉快的花朵為伴」。詩人借蚱蜢的自白抨擊人類社會嚴重的環境污染：「常常要吃煤烟的廢氣和同類的悶氣」，也借此表達作者對「豐盈的綠色世界」的贊美和復歸自然的嚮往之情。

此詩語言明白易懂，但內涵豐富，耐人咀嚼。

您的名字

——獻給祖國的詩

倘若我底名字不再顯揚　已全然為人們所遺忘
只要您　我祖國的名字遠揚
我寧願加倍地被人忘卻

沒有了您便沒有自己的土壤　沒有家
是無根的孤葉一片　僅有短暫的碧翠
只要您是為人仰望的喬木　縱然
我是不起眼的小葉一片　也分享萬葉千花的歡悅

讓我帶著您特有的芬芳走遍天涯
人家看到了我便讚美您　便舉起了大拇指
當我走過異國市街　您的名字夏雷般震響
那青天白日的光輝緊隨
我便要不顧一切地淌出快樂的淚水

祖國　您是不死的神木　根深千尺土
而您的子民又殷殷將您守護
任何風暴也不能將您拔除
啊！您燦爛的以往　您不停努力的今天
以及您通往無盡的未來……

1977年11月30日「聯副」

【賞析】　1977年夏天，蓉子訪問歐洲。在飽覽世界各國的名勝風光後，更增添了她對祖國的濃厚情感。她說：「一旦你置身在別人的國土，不同的民族中時，你才能深切地感受我的感覺！『你』是誰？並不重要，人家首先問的是你來自何方？如何使自己國家的名字響亮，口碑載道，才是最值得驕傲的」（《這一站不到神話》自序）

　　和表現的對象相適應，此詩內容一目了然，四段詩的邏輯層次、感情和思維的演進均有迹可尋。第一段用對比手法抒發自己熱愛祖國的情感。寧願自己被人遺忘，也不願看到祖國的名字不再顯揚這苦痛事實。第二段是前一段的延伸，以「喬木」和「小葉」的比喻說明自己離不開祖國的哺育。第三段寫自己出國時的感受和作為一名中國人的自豪。末段從以往寫到今天、未來，禱願祖國像神木那樣萬古長青。

　　此詩的最大特點是主體與客體界限不突出，在許多時候溶為一體。如詩人把祖國比作「令人仰望的喬木」，自己便是「不起眼的小葉一片」；祖國的名字如「夏雷般震響」，自己走遍異國市街便會感到光榮。在這裡，已分不清讚美的對象和主觀的自我，尤其是「讓我帶著您特有芬芳走遍天涯」一句，說明「葉子」不但是「喬木」軀體上的一部分，而且是詩人心靈的一個不可缺少的部分。為了表達這種血肉相連的刻骨銘心的感受，詩人不滿足於「喬木」的比喻，後面又用了「神木」的意象，以深化自己的情感。

　　作者寫此詩時，「祖國」也許有特定的含義，但這點在詩中

並沒有得到顯揚。在海峽兩岸人民渴望和平統一的今天，兩岸的
政治鴻溝已「加倍地被人忘卻」，故這首詩所有炎黃子孫讀來都
會倍感親切。

駿　馬

無論何時
你的出現
總是一片耀眼的光華
朝暾般升起人們的仰望

一聲嘶吼　盡收原野美景于眼前
你迅疾的蹄音　是躍動的風雲
越過牆籬　穀場　山岡　原野
花朵們便一路欣然地展放過去……

絕非檸檬的淡影
是夏天全體石榴的紅艷
唯人們的眼尚來不及追蹤
你已絕塵而去　天廣地漠

啊，那大世紀的風采
那飛揚地舒暢　而風湧雲動
一出鞘勢必中的
一起步世界便落在身後

馱你的願望於四足不停的奔馳
直到躍馬中原　跑遍了祖國壯麗山河！

1978年2月「聯副」

【賞析】　一聲嘶吼掠過耳際，跟著來的是迅疾的蹄音，簡直如同躍動的風雲。無論什麼時候出現，駿馬總是一片耀眼的光華，朝暾般升起人們的仰望……

你看，詩人為了顯示駿馬的不同凡響，一開頭就調動了一切藝術力量進行渲染。應該說，這是駿馬的陽剛之氣，影響詩人的結果。它促使作者改變筆墨，不再用過去慣用的陰柔筆調去寫駿馬大世紀的風采。

駿馬天廣地漠絕塵而去，飛揚地舒暢而引起風湧雲動。這極像徐悲鴻筆下的馬，從形似中透露出「一起步世界便落在身後」的龍馬精神。與此相配合，作者用快節奏寫駿馬越過牆籬、穀場、山岡、田野，這有如高手寫生，寥寥幾筆，形神兼備。最後一段寫希望駿馬跑遍祖國的大好河山。這裡沒有把駿馬僅僅當作交通工具或觀賞動物，而是將其和壯麗河山連在一起。如此寫駿馬，才足顯示它的精神，激勵讀者積極、向上。如沒有最後一段，此詩的思想力量就必然減弱。

陽光道路

虔誠祝禱　案頭鋪滿殷紅期待
雖然窗外仍舊陰霾
只為心中有一條陽光大道
我們就對準它筆直走去
──不抄近路　不走左道
有朝一日我們的腳步必能行走其上

舊年時光的樹葉已經一片片落盡了
──這一株樹也曾在風雨中飄搖
我行走在風雨裏的衣袖　輒常感覺
濕漉漉的難受　腳下仍需不停前行
只為心中有一條明澈的陽光大道
就不甘於停下自己縱已疲憊的腳步

聽，寺鐘響澈雲霄
八三年那新生兒正急切等著你去擁抱
新的年光　新的激勵
使我堅定地繼續走我的長途……
總有一天　會齊我們的同胞手足
一同行走在那燦爛寬廣的陽光大道上！

1983年元旦《中國時報》

【賞析】 這是一首慶賀新年來臨的詩。這種「節日詩」,很難寫,弄不好會程式化,說些「祝新年進步,萬事如意」一類的客套話。

蓉子這首詩沒落入這種窠臼。你看,窗外陰霾一片,室內卻燈燭輝煌,鋪滿殷紅的期待。天公不作美,但我心中自有一條陽光大道,對準它筆直走去,彷彿我們的腳步已行走其上。充滿自信和開闊的氣勢,已使人感到作者「不抄近路」而蹊徑獨闢的創新精神。然而光是這一段,而沒有後一段,這首詩仍會乾癟。正因為作者沒局限在大道筆直、信心百倍的描寫上,還看到了前進的道路上仍有飄搖的風雨,有時腳步還難免疲憊,這樣就顯得更有立體感。於是,隨著響徹雲霄的寺鐘聲,我們也彷彿跟著詩人的腳步,會齊眾多手足同胞「一同行走在那燦爛寬廣的陽光大道上」……

正因為這首詩突破了新年祝福的俗套和生肖象的描寫,並打上了基督徒的烙印和注進了昂揚向上的情緒,所以才使人讀了後感到有新意,而不是「似曾相識燕歸來」。

只要我們有根

在寒冷的冬天　惡劣的氣候裡
翠綠的葉子片片枯萎
正似溫馨的友情一一離去

我親愛的手足　不要傷悲
縱使葉子們都落盡
最後就剩下了我們自己——

那光潔的樹身　仍舊
吾人擁有最真實的存在
——只要我們有根

只要我們有根
縱然沒有一片葉子遮身
仍舊是一株頂天立地的樹

就讓我們調整那立姿
在風雨裡站得更穩
堅忍地度過這凜冽寒冬

是的，只要我們有根
明春　明春來時

　　我們又會枝繁葉茂　　宛如新生

原載1979年8月23日《聯副》

【賞析】　此詩曾於1982年被選進臺灣地區國中國文教科書中，可見其影響之大。

　　「世情惡衰歇，萬事隨轉燭」（杜甫）。在惡劣的環境裡，由於事業遭到挫敗，朋友們一個個離去。在這種時候，人們總會不由自主地感到孤獨和悲傷。蓉子這首詩的不同尋常之處，在於沒停留在悲傷的咏嘆上，它教我們要自尊和自愛，不要被暫時的挫折所擊倒，不要被眼前的困苦所迷惑。只要我們相信挫折是暫時的，堅信仍可再造舊日的輝煌，再加上總結經驗教訓，「調整那立姿」，我們就一定能渡過難關，戰勝那「凜烈寒冬」。

　　這首詩語言曉暢易懂，所選取的象徵體也不怪異。作者善於以想像和哲理結合，抒情與沉思凝聚，暗示性與透明度達到高度和諧的統一，不愧爲一首優秀的哲理詩。

回歸田園

傍湖水的明鏡
幾棟紅磚屋半掩在樹叢
蘆葦搖曳著它風裏的白頭
紅花默默傳香
就讓我把住處安頓在此吧！

藍天白雲
田壠和翠嶺
加上近邊的竹筏茅棚
它們的影子都在水中交融

牛車緩緩地向村外駛去
小舟載天光水色歸來
炊煙　雲一樣升起
家的意義就確定了！

1984年2月《生命註》

【賞析】　這是一幅寧靜的田園圖畫：湖水澄澈，樹林茂密，蘆葦在風裡搖曳，紅花默默傳送著芳香。這與「到處蹲踞著那龐然建築物的獸」的城市，是完全相反的景緻。第二段進一步用工筆描田園景色，寫田壠翠嶺、竹筏茅棚全從境界中見出。「藍天白雲」一詞看似平常，但只要與作者過去寫的《我們的城不再飛花》

中出現的「煤烟的雨／市聲的雷」加以對照，便不難明白作者的
寓意。最後一段更明確地表示作者厭倦工業文明，認爲只有田園
風光才是最美的。乍看起來，作者的思想跟不上時代，可是只要
你對照「齒輪與齒輪的齟齬／機器與機器的傾軋」的現實，就不
難理解作者爲什麼欣賞「牛車緩緩地向村外駛去」的節奏。

　　「回歸田園」，不應簡單地理解爲從城市搬家至農村，這主
要是指心靈上的，與居住環境的改變關係不大。

街　頭

——我繪香港小市民形象

香港的娃娃們都純樸　他們
喜歡趴在媽媽平直的背上　或將
小手放在媽媽溫柔的掌中　踏著
大人的腳印　去逛那
通菜街
西洋菜街的菜場　而在豉油街
洗衣街　染布坊街一帶　饒舌的
阿巴桑們　無論在線條、顏色
服飾或神態上　都似濃膩油畫中的
人物　最鄉土最可親的

曾向一位老者問青山道　於
某一星期天的晨早　他聽懂後
竟擱下手中的營生　一拐一彎地
一直陪我們走到大路口　為指引
我們一條無誤的路
——當風雨逼近時
我們能告訴這位老人　去那兒
躲避冷酷的風雨嗎!?

別以為這島嶼　曾經
一世紀之久　出租給盎格魯撒克遜人
就真的被高鼻梁藍眼珠所同化了
不，他們是拒絕融化的冰　無論是
置身洶湧的人海
五光十色湍急的洋流　或
摩天獸群的陰影下　仍舊
保有最古老質樸中國人的形象　他們
真像百年前的那株老松　依然
蒼勁地活在最現代化的康樂大廈前

真的，他們是拒絕融化的冰　在
橫豎交接的白布街與
黑布街一帶　在
古舊的哈囉街與
樓梯街　小市民們一腳高一腳低地
走著　上上下下地爬著　正如
百年來他們勤勉的祖先
是這些平凡不顯赫的小人物
長年忍苦耐勞地匍匐在
中下層的地基上　奮力
共舉著那高聳金字塔的金頂
使它輝煌了一個多世紀　然而

風雨將至　眼看

　　大風雨就要來了　　香港

　　這株繁榮的百年商業大樹

　　會被狂風摧折嗎？　香港居民

　　能為自己的天空有所主張嗎？

　　唉！你憂愁　你嬉笑　你茫然

　　透過住屋僅有的一扇玻窗　看夕陽

　　緩緩自海上沉落　滲和著一份淒涼

註：詩中所寫的街名，都是現今香港本島或九龍地區眞眞實實的街道名字。

1985年5月《中央日報》

【賞析】　　1984年，蓉子應香港大學的邀請前往訪問。訪問期間，曾遊覽了市區，使她對香港人的生活風貌和心態有了進一步的了解。〈街頭〉一詩，便寫於這一時期。

　　不同於蓉子過去寫的抒情詩，這首詩帶有濃厚的敘事色彩。大家知道，詩的敘事比小說要嚴格得多，因它在字數上有極大的限制，再加形式的束縛，便極大地影響內容的表達與思想的發揮。但這並沒有難倒蓉子。第一，她用素描的手法，抓住最傳神的細節（如娃娃們「喜歡扒在媽媽平直的背上／或將小手放在媽媽溫柔的掌中」），便把香港市民純樸的一面表現了出來。作者甚至不事雕飾，挑選最鄉土的街名（如「通菜街」、「西洋菜街」、「洗衣街」、「染布坊街」）去表現作爲殖民地的香港，並沒有被「彌敦道」、「維多利亞海港」一類的地名所異化。第二，用簡捷的情節寫香港人最可親的一面，如寫一位老者竟放下手中的營生爲客人引路。這裡講的情節，不存在著開端、高潮、結局那一套，與小說叙寫頭緒繁多的故事迥然不同。第三，在叙事中輔

之以抒情，如寫香港在「摩天獸群的陰影下／仍舊保有最古老質
樸中國人的形象／他們真像百年前的那株老松／依然／蒼勁地活
在最現代化的康樂大廈前」。這就不是客觀的記述所見所聞，而
是在敘事過程中袒露出詩人熾烈的情懷。尤其是把具有中國心的
香港人比作「拒絕融化的冰」，意象獨特，將敘事與抒情熔于一
爐，很值得稱道。

　　末尾寫1997年後的香港，調子有些低沉。作者的看法未免
悲觀了些。作為一個臺灣詩人，有這種看法是毫不奇怪的，但我
們應相信「長年忍苦耐勞地匍匐在中下層的地基上」的香港人，
相信他們「能為自己的天空有所主張。」

廟街和玉

——兼致女詩人鍾玲

雖然那座廟我不曾入覲　而
整條街對我就像是鼎沸的紅塵
人們在其間鋪陳千百種營生
嘈雜　猖狂　是市井的樂園

某次我曾在附近一家廣東館啖腸粉
好奇地向店家詢問過廟街何處？
他竟回我說：不知道
——事後我方知其心似玉

其人如玉　細緻精巧
我們終於走過廟街　於某個白晝
為了廟街盡頭那奇麗的玉市風光
啊！碧玉似海　形質萬千

多少天光雲影無心的著色
多少日月精華有意的凝聚
刻繪成如此堅石的肌理
含蘊著這樣玉潤的美質

曾經懷抱多少故事的悲喜沉埋泥土
歷久遠方重見天日 於某種緣會中
成為我底初識 我左臂的腕釧
卻不懂得如何辨識其價值 正如

那奇妙的詩 世人對它
僅具浮雲般的概念 以為
詩只是美詞麗句 以及
潑濕了的感情

「璧不可以禦寒」 亦如
詩人不能靠詩療饑 照舊
有人沉詩 有人迷玉 只有
妳能同時將詩和玉的真偽價值辨識

1985年7月1日《中國時報》

【賞析】 這首詩是蓉子訪問香港以夜市著稱的廟街時所寫。其時有當地女詩評家鍾玲陪同。鍾玲不但長於評詩，還長於寫詩，對鑑賞古玉也十分內行，以至玉鋪老板對她刮目相看。

〈廟街和玉〉與一般旅遊詩不同之處，在於不僅寫街景，寫鬧市，還要兼顧寫人。

首段寫廟街有千百種營生，在外地人看來有如鼎沸的紅塵。這裡寫夜市的嘈雜、猖狂，正好為下面文雅、嫻靜、有高度的文化修養的女詩人鍾玲的出場作了極好的鋪墊。

第二、三段連續出現「其心似玉」、「其人如玉」的比喻，

是對鍾玲的極好評價。這裡之所以一再出現「玉」字，一是因為鍾玲為人細緻精巧，另方面是就地取材，她們結伴而行是「為了廟街盡頭那奇麗的玉市風光」。當然，更重要的是因為鍾玲本人是古玉鑑賞家。

　　四、五兩段贊美碧玉的萬千形質及其含蘊的玉潤美質，然後發出「不懂得如何辨識」的感嘆。這為後面寫鍾玲「能同時將詩和玉的真偽價值辨識」作了過渡。

　　這真是一首「奇妙的詩」。它不僅寫出了奇麗的玉市風光，而且還刻劃了「其心似玉」的女詩人形象。全詩筆酣墨暢，而感情又悠然不盡。為了在敘事的同時寫人，作者在文字的組織安排上，很下了功夫。

鹽寶下

避開了沙頭角
馳上了鹿頸道
——船灣裏邊
群山之間

我們四個
面對大自然而坐
大自然便用其豐盛的佳肴宴饗我們
紅樹林　綠水　青山　白鷺洲……

正欣賞一群白鷺悠然自得的美麗神態
正凝視一隻白鷺坐禪似的坐在水鏡中
背後有動力機械文明的群獸呼嘯而過
啊，風馳電掣地踩過我們的脊梁！

怎能安心面對這被攪擾的美麗？
在古昔與現代夾縫的危岩
腳下的豐澤已乾涸
我們所面對的不是激灩而是泥濘

正擬向更遠的山林撤退
摩托車　小轎車　小巴士

　　——所有機械文明的力道
　　早已搶先將人類的桃源佔領

　　啊！在世界各處
　　機械文明的霸業總是不止息地擴張
　　且一步一趨地直逼田園的心臟
　　——人類已無處逃避。

1985年4月《藍星詩刊》

【賞析】　作者在香港作短期訪問時，發現這裡的環境污染不亞於臺北。這首詩，便表現了機械文明的霸業如何不止息地擴張到每一個城市的情景。

　　「鹽竈下」，是香港極爲鄉土的地名。開頭一句寫的「沙頭角」，是通往大陸的禁區；次句寫的「鹿頸道」，則是一條充滿詩意的羊腸小道。第二段寫的「四個」，係指駕車的詩人余光中及其夫人，再加上作者和香港大學黃國彬教授。他們那天主要是遊覽靠近深圳的新界，途經船灣水塘堤上、鹽竈下、落馬洲等著名風景區。

　　寫這首詩的時候，作者自然是首次來到鹿頸道。但在來此之前，早已聞名香港是旅遊勝地。雖然聞名已久，但百聞不如一見，以至眞正面對大自然一望，只見映入眼簾的盡是綠水、青山、紅樹林、白鷺洲，好一幅動人的風景畫啊。可惜當作者聚精會神欣賞一群白鷺悠然自得的美麗神態時，突然「背後有動力機械文明的群獸呼嘯而過」。這眞是大煞風景！更可怕的是「風馳電掣地踩過我們的脊梁」。句中著一「踩」時，說明這動力機械對豐盛

的大自然「佳肴」破壞極大。「群獸」與「白鷺」、「呼嘯」與「坐禪」，作者連續用這兩種不同動物和動作的對比，目的在於強化環境污染對人類的危害。

第四段一面寫「瀲灩」，一面寫泥濘，仍未脫離環保這一題旨。第五段使用「撤退」「占領」這些軍事術語，目的是說明污染與反污染是一場激烈的鬥爭。

以上主要是寫因環境污染引起的驚詫，最後一段進一步指出環境污染的危害性和根治的迫切性。這充分說明，作者後期詩作所抒發的情感再不局限於一己之悲歡，而表現了從未有過的與現實生活的親和力。

回去臺北

回去臺北　回去
那曾經使我喜　令我悲
讓我勞累　甚至
叫我氣惱的城。

臺北——
曾經那兒的陽光　是
萬里晴朗的海　於少年時光
為它　我捉住了幾許
美妙　在「七月的南方」。

啊！雨點打落在芭蕉葉上　此刻
我聞見一片悠揚的芬芳
喚起了我底懷念　我要
回去了

意識的手便迅速推開此間
人雜市鬧的旺角　和
維多利亞海峽不安的月光
回我卅多年的居地。

1984年12月11日《中央日報》

【賞析】　詩苑中又多了一首思念故鄉的詩。古往今來有多少詩人寫過故鄉。李白的《靜夜思》，恐怕是最有名的了。即使這樣，故鄉的題材仍是寫不完的。

　　臺北當然不是蓉子「正宗」的故鄉。但蓉子從年輕時就來到臺北。她在臺北的時間遠比江蘇長。臺北，是她的第二故鄉，是她成長爲著名詩人的搖籃。她在這塊土地上奮發、成長，所以一旦來到人雜市鬧的陌生地旺角，來到殖民地色彩甚爲濃厚的維多利西海峽，她不禁懷念起曾經使她喜，也令她悲的臺北來。

　　蓉子倒不是認爲臺北一切比香港都要好。臺北也曾使她勞累過、氣惱過。但人的感情就是這樣複雜。即使再叫人氣惱，那畢竟是自己的第二故鄉。開頭一句連用兩個「回去」，便坦露出詩人對臺北所具有的深厚感情。

　　後面幾段只強調「喜」，捨棄「悲」。只要一回到臺北，便將消失她的一切煩惱，帶來一片明媚的陽光，其歸心似箭之情，四處蕩流，連雨點打落在芭蕉葉上，她也誤以爲是親人召喚她回去。異地任何美麗的風光也誘惑不了她，可見其態度之堅決。

　　全篇每一行每一句，都響徹「回去」這一旋律。如沒這一急促的旋律，全篇就將減色。

石　榴

忍受熾灼的夏陽
顯映的不是成熟的甜
而是痛苦的爆裂
啊，石榴滴血
粒粒紅殷……

當立足的園內園外
狂囂著風沙
不斷碎石塵泥的襲擊
無盡損傷
整個藍空向我隱藏。

1981年8月《藍星詩刊》

【賞析】　石榴，據說此物係西漢張騫出使西域時，從安石國（今伊朗附近）引入。它夏季開花，果實呈球形。古代曾以「石榴多子」象徵兒孫滿堂，並用它作爲吉慶饋贈之物。

　　蓉子的《石榴》與傳統的立意完全不同。它強調的不是「成熟的甜」，而是「痛苦的爆烈」。想想看：在狂嘯著風沙的園外，碎石塵泥不斷向它襲擊時，石榴頑強抵抗，「無盡損傷」，這是一種多麼可貴的精神。還有，在寂寞花少的夏日，燦紅的石榴吐放於萬綠叢中，給人帶來熱烈而歡快的氣氛。爲不讓雜色污染，它以繁密的綠葉護著深色的紅花。所謂「石榴滴血，粒粒紅殷」，

所贊美的正是花色之純正。在這裡，寫的是石榴，可我們看到的
是一種極其寶貴的人格，詩人從本質意義上，寫出了自己對石榴
的評價，也道出了詩人的美學傾向。

忙如奔蝗

忙如奔蝗
吃盡了閒暇

雲，只有輕盈時才亮麗
一沉重便都墜落成惱人的雨

日子拖著日子
盈耳充目全是蜜蜂刷翅的聲響

嗡嗡　嗡嗡
任如何也不能譜成曲調

因為繃緊的琵琶會斷
繃斷的弦索上那兒有歌？

【賞析】　　蓉子的詩，取材廣泛。既有寫環保運動的，也有批判城市文明的負面作用的，亦有寫宗教信仰的，更有以日常生活題材入詩的。這首《忙如奔煌》，便屬後一種。

此詩最重要的特色是追求意象的新美。現代人為生活忙碌，為工作東奔西跑，誰沒有過這樣的體驗？可用奔跑的蝗蟲去比喻忙碌，則屬蓉子的獨特創造。它顯得是如此新鮮大膽，給人留下了強烈而突出的印象。第二段也是警句，比得極為準確生動，使

人過目難忘。後面三段由蜜蜂的嗡嗡聲聯想開去，先是「曲調」，後由「曲調」順理成章寫到「琵琶」，再由這種樂器引申出歌曲，眞可謂是一環扣一環。結句「繃斷的弦索上那兒有歌」，意思說是白天公務忙，晚上家務忙，一天到晚忙不斷那有時間寫詩？可作者硬是「忙中偷閑」，譜出了這支「忙如奔蝗」的動人歌曲，由此可見作者的功力和才華。

每回我走過

每回我走過
（那時我不停地往復於高速國道線上）
總見兩側盎然的綠意
不捨地一路陪我前行
——透過車窗的大眼睛
滙成無盡的寧美
內心便急切地響起
那奔赴原野自然的回應。

而這只是過程　恒常地
從都市的喧擾　走向
高山上的責任
——城市有不容你轉身的擠迫
山頂上又總有幾分淒冷
唯這一段過程至美　當山山水水
玉石般從車窗映現　伴著金黃的陽光
惜我只悾傯走過。

1984年12月25日《大華晚報》

【賞析】　對生活強烈的愛，凝聚成這首詩。

　　首句「每回我走過」，說明作者為工作經常往返於南北高速公路上。一般人對此會感到厭倦，可作者每走一次都有新的感覺，

這一方面是因爲車窗外一片盎然的綠意在陪她前行，更重要的是
她認爲藉此可以暫時轉換一下生活形態。如果終年足不出戶而不
奔赴原野，那生活就會變得單調、枯寂。

　　寫坐火車的詩讀過不少，但像蓉子那樣將車窗比喻爲「大眼
睛」，還是頭一回讀到。後面一段爲了突出「這一段過程至美」，
用了「都市」和「高山」作對照。「伴著金黃的陽光」，「山山
水水玉石般從車窗映現」，這裡的寫景是爲了抒情，抒發「惜我
只倥傯走過」之情。然而畢竟又寫了車窗外的景色，其畫面之生
動，詩意之濃郁，正好沖掉過去生活中的「喧擾」和「淒冷」。

紫葡萄之死

將一串紫葡萄　拆散
洗淨　盛放在白色深瓷盅中

飯後　從瓷盅中
一顆顆拈來送入口中
那飽滿多汁的顆粒
經常在消逝前流出紫色的汁液

它們如此消失　正像
紅臉膛有血性
人類之逐一消逝──
於未知之時　突然間
被一隻無形的手指攫住
結束了或長或短的一生

當手指沿著瓷盅邊緣
一顆顆拈取命運中的葡萄粒
那遠處的不必竊喜　水流琤琮
不久　你將同樣感受到
先入我口的那些
葡萄的況味　雖說

輓幛中最正常是
「老成凋謝」 常規中
卻也有逸出的例外 於
偶然 我心血來潮時 從
底面任取一顆放入口中
宛如那夭折的年少

唉！它們全然不悉 這一串葡萄
在離別樹身時 便已預約了死亡

1983年10月《宇宙光》

【賞析】 紫葡萄是一種常見的水果。作者從人們品嘗葡萄的況味中，對人的命運充滿了悲憫之情。

開頭寫人們吃葡萄的過程：先拆散，後洗淨，再拈來送入口中，均無特別之處。後來筆鋒一轉，紫葡萄突然變成了紅臉膛有血性之人，而冷不防被無形的手指攫住，「結束了或長或短的一生」。作者繪形繪色描寫人們從盤子中拈取一顆顆葡萄進口的過程，原來是「醉翁之意不在酒」，在於探討人類的一種死亡現象，這就深化了作品的思想性。特別是最後一句「當離別樹身時／便已預約了死亡」，更是意味深長。這裡有多少經驗教訓值得吸取。無論是「老成凋謝」的前行代還是年少夭折的青年人，事先完全不知情，因從無人能預知自己的死亡。

此詩原發表於1983年10月的《宇宙光》。作者是否有感於某種死亡形象而寫，我們不得而知。但這首詩帶有一定的批判性。作品中冷凝的激情、悲憫的情懷和詩人的人道主義精神是分不開

的。作品的寫法有些類似咏物詩，但又不局限於咏物，所以才顯得情味雋永，引人遐想。

倦　旅

甫回到家屋的旅人　便
一頭跌進
樹蔭中的鳥巢裏——為補足失血已久的睡

竟無人知道
（包括那智者）
如我這般的生命乃是
靠睡眠而不是靠飲食維繫

為補足失血已久的睡
且封閉所有的資訊
讓民主殿堂中的爭辯和
窗外小販的吆喝聲一併遠離⋯⋯

快快潛入夜夢中深水的池沼
急急摔落阿拉伯海上空長夜的怔忡
明天——
當和輕叩我窗櫺的晨光一起醒來

初冬的島上仍烘燃著小陽春的暖意
如果家園一片青蔥
而颱風季節已遙

我便從此終止我流浪的腳蹤

1985年12月10日，中東歸來後

【賞析】　這是一首很有個性的抒情詩。它的重點是寫旅行後歸來的疲倦，寫得細緻入微，相當耐讀；調子低沉，頗符合休養生息之道。在藝術表現上，作者很注重意象的鮮明和獨創。像「樹蔭中的鳥巢」、「夢中深水的池沼」，都是刻意求新的結果。再如說自己的生命是「靠睡眠而不是靠飲食維繫」，這種「違反」生理常識的寫法是爲了突出旅行後極想休息的迫切性。許多人都有這樣的體驗，當外出歸來時，旅途的顛簸使人顯得疲憊不堪，這時最需要的不是吃東西，而是和衣而睡，故蓉子這種誇張手法的運用仍有一定的生活依據。最後寫要終止自己流浪的腳蹤，也是爲了突出青葱的家園之可愛與可戀。

此詩節奏顯得輕柔而舒緩，跟「倦旅」的題旨正好相協調。

主要參考書目

一青鳥集。臺北，爾雅出版社，1982，11，1。

二蓉子詩抄。臺北，藍星詩社，1965，5，4。

三維納麗沙組曲。臺北，純文學出版社，1969，11。

四這一站不到神話。臺北，大地出版社，1986，9。

五羅門蓉子短詩精選。臺北，殿堂出版社，1988，9。

六蓉子詩選。北京，中國友誼出版公司，1993，7。

七現代中國繆司——臺灣女詩人作品析論。鍾玲著，臺北，聯經
　出版公司，1989，6。

八日月的雙軌——羅門・蓉子創作世界評介。周偉民、唐玲玲合
　著。臺北，文史哲出版社，1991，2。

九羅門、蓉子文學世界學術研討會論文集。周偉民、唐玲玲主編。
　臺北，文史哲出版社，1994，4，14。